シェアライフ

SHARE LIFE

新しい社会の新しい生き方

DIVE INTO A NEW LIFE OF SHARING ECONOMY

石山アンジュ

ANJU ISHIYAMA

CROSSMEDIA PUBLISHING

SHARE LIFE

はじめに

この本が出版されて間もなくして、「平成」が幕を閉じ、新しい元号の新しい時代が始まります。

私は平成元年に生まれ、平成とともに人生を歩んできました。振り返れば、いく度の自然災害、金融ショック、テロ、経済の低成長など、社会の根幹を揺るがす出来事がつづき、平成という時代を「失われた30年」と呼ぶ人もいます。

でも、本当にそうでしょうか。

これまで当たり前とされてきた社会の前提を失いつつある時代だからこそ、「『私たちにとっての本当の幸せ』とは何か――?」を、新たに、再定義するときがきています。

そんな時代の節目に、ここ数年「シェア」という言葉をニュースなどで見聞きすることが多くなっています。たくさんのモノであふれる社会や生活の中から、「必要なだけあれば十分幸せだ」「家も、仕事も、子育ても、誰かとシェアすればいい」という価値観が生まれ、多くの人に支持されるようになりました。

同時に、「孤独死」などに始まる、かつてあった社会の支え合いが希薄化してしまった時代に、シェアすることで「つながり」や「コミュニティ」をもう一度取り戻そうという動きも出てきています。

この「シェア」こそ、これからの時代を幸せに生きていくために、誰にとっても欠かせないキーワードになっていくはずです。

本書は、この「シェア」（共有）という概念によって、社会がどう変わっていくのかを考え、シェアすることで生まれる新しい生き方を提案していきます。

シェアリングエコノミー（共感型経済）とは何か、今なぜシェアが注目されているのか、その本質について触れ、シェアという新しい概念が、私たちが抱える社会課題や、限界を迎えつつある社会にどのような変革をもたらすのかをお伝えし、そしてシェアによって変わる「新しい生き方」を提案します。

もし今、この本を手に取ったみなさんが、仕事や子育て、老後の心配など、毎日の生活の中で何か一つでも悩みを抱えているとすれば、「すべてはシェアで解決することができる」と断言できます。そして「新しい豊かさ」を手に入れ、もっと自由に楽しく生きていくことができるはずです。

ただし、この本はシェアリングエコノミーによるビジネストレンドや新しいサービスを紹介するだけの本ではありません。

本書を通じて最もお伝えしたいのは、シェアという「思想」そのものなのです。

それでは、本書の構成について簡単に説明します。

まず、序章では、現在の私自身のシェアライフと、なぜシェアを実践し始めたのか、それによってどのような変化が起きたかお話しします。

1章では、これから迎える新しい時代がどのようなものか、なぜ今の時代にシェアが重要なのか解説します。

2章では、シェアから生み出される「新しい豊かさ」について考えます。

3章では、シェアによる新しい生き方を提案します。住まい、仕事、子育て、家族、老後、教育まで、私たちの暮らしがどう変わっていくのか、実例とともに具体的にお伝えします。

4章では、これから社会が直面する課題をシェアが救ってくれる可能性について述べていきます。

5章では、シェアにおける最も重要な要素である「信頼」について考え、シェアライフを実践するために必要なマインドについてお伝えします。

終章では、シェアが普及したあとの未来について考えていきます。

シェアという思想は、私たちにどのような未来をもたらしてくれるのか——新しい時代が始まろうとする今、本書が「新しい豊かさ」を手に入れるための第一歩になることを願っています。

シェアライフ　目次

第1章
新しい時代

第2章
新しい価値観

第3章

新しい生き方

第4章 つながりが社会を救う

第5章 シェアするマインド

SHARE
LIFE

Prologue

My Sharing Life

序章

私のシェアライフ

シェアの恩恵に助けられて育ち、シェアを通じて人生が豊かになった私のシェアライフを通じて、なぜ私がこの「シェア」こそ、これからの時代を幸せに生きていくために欠かせないキーワードになると確信しているのか、またシェアリングエコノミーの活動家として企業や社会と関わる中で感じている可能性についてお話しします。

SHARE LIFE

60人家族、100の家

私は今、渋谷で「″ともに暮らし、ともに働く″意識でつながる家族」というコンセプトの『Ｃｉｆｔ』（シフト）というシェアハウスで暮らしています。

Ｃｉｆｔには、０歳から60代まで、約60人の多様な人々がおり、一緒に「家族」をしています。立ち上げ当初38人だった家族は1年で約2倍になりました。

ミュージシャン、作家、料理人、お坊さん、ＬＧＢＴ活動家、政治家、美容師、画家、ベンチャーキャピタリスト、弁護士、パーマカルチャーデザイナー、ソーシャルヒッピー……みんなの肩書きの数を足すと１００を越えます。

また、Ｃｉｆｔは法人組織でもあり、メンバーのスキルをシェアしながら仕事を一緒に行ったり、コミュニティの中で日々仕事が生まれたりしています。

Ｃｉｆｔは協同組合でもあります。一人ひとりが組合費を払い、食費や家賃、誰かが困ったときの救済費まで何に使うかを決めています。

複数の拠点を持ち、旅をしながら働くメンバーもたくさんいて、それぞれが持つ家を合わせるとその数は１００以上。「メンバーが持つ家だったらどこでも泊まってい い」というルールの『全国家族拠点マップ』もシェアしています。全国どこに行っても「ただいま」と言える場所があるんです。

何か困ったときも、60人のスキルをシェアすれば、ほとんどのことが解決する。美容師の裕太くんに家の中で髪を切ってもらうこともあれば、体調が悪いときは針灸師のマサキくんにお灸をしてもらうこともある。それぞれが自分の得意なことをシェアし合いながら生活を営んでいくことで、お金を介さずとも、スキルをはじめとしたいろいろなことがコミュニティの中で循環していきます。

昨年の秋にはコミュニティの中で新しい命が生まれました。

生まれる瞬間まで家族のみんなが付き添い、生まれてからは毎日の食事や赤ちゃんのお世話まで、それぞれが思い思いにできることをシェアしながら、支え合って生活をしています。代わり番こに抱っこをし、沐浴をし、一緒にごはんを食べる。ベビーベッドも手づくりで、木材のペンキ塗りからみんなでやりました。Ｃｉｆｔにはほかに2人の子どもがいますが、一人っ子の子どもたちがともに暮らすことで兄弟のようになっていく姿も愛おしいです。

子育てだけではありません。あるきっかけでメンバーの親の介護のヘルプが必要になったときは、できる人が代わり番こにごはんをつくってタッパーに入れ、親御さんのお家まで届けたりする時期もありました。

毎日の朝ごはんは、つくれる人がつくり、鍵の空いた部屋のドアを勝手に開きながら「朝ごはんだよー！」と起こしたり、起こされたりが日課になっています。

0才から60才までいる60人が、年齢や性別、あらゆる壁を超えて、自らを閉じずに、ひらきつづけ、人生を分かち合い、つながりを感じられる。「この先何があっても大丈夫」と心から安心を感じられるかけがえのない場所になっていく。何より、自分が泣きたいとき、つらくてどうしようもないとき、自分のことのように泣いたり、時間を惜しまず手を差し伸べてくれる、つながりのある生活に確かな安心を感じることができます。

渋谷のど真ん中にあることから、Ｃｉｆｔのメンバーじゃない人たちも日々出入りしていて、朝ごはんを食べに来たり、夕飯をつくりにきてくれる人もいます。各地から野菜やお米を贈ってくれたりすることもあり、一時は全国から贈られてきたお米が合計80キロ家にあるなんてこともありました。

自分は経験していないけれど、昔の日本にあった「長屋の村社会」はこんな感じだったのでは、と思います。

SHARE LIFE

シェアする社会の登場

「シェアリングエコノミー」という新たな概念が日本に普及し始めて3年。個人と個人がインターネットを通じて直接つながり、空いている部屋を宿泊場所として提供したり、自分の車や駐車場を貸したり、空いている時間でご近所さんの家事を手伝ったり、旅先に暮らす家にお邪魔して、その日の夕食をご馳走になることもできます。

誰かが持っているモノ、場所、時間、経験や知識まで、あらゆるものをシェアする社会が、世界中で当たり前になりつつあります。

一生懸命働いて稼いだお金で、生活におけるすべてのモノを消費しつづけなくても、誰かとシェアすることで所有したり、利用することができるようになりました。また、自分の空いている時間や、得意なこと、かつて身につけてきた仕事の経験をシェアして、収入を得ることが可能になったり、ベビーシッターに子どもを預けなくても、シェアサービスやコミュニティを通じて出会ったママに、子どもの見守りや保育園の送迎をお願いすることができます。

持っている人が余っている分をシェアする、もらう側も与える側も潤うしくみ。シェアする社会によって、私たちの毎日における消費スタイルが大きく変わろうとしています。

そして、今日、この「シェア」という考えそのものが、消費スタイルの変化だけでなく、経済のあり方、社会のあり方、そして私たちの生き方そのものを変えようとしています。

現在、私はこのシェアという考えを社会に根付かせていくために、シェアリングエコノミーの専門家・伝道師として活動しています。

２７０社を超えるシェアリングエコノミー事業に関するスタートアップから大手

企業や、地域にシェアを広げる活動団体やＮＰＯ、シェアプラットフォームを通じて自らの特技を活かしながら稼ぐ「シェアワーカー」を会員とする、「一般社団法人シェアリングエコノミー協会」の立ち上げに携わり、現在は事務局長として、シェアリングエコノミーの普及・規制緩和や政策推進の仕事をしています。

また２０１７年には、「内閣官房シェアリングエコノミー伝道師」として政府から任命を受け、シェアを通じて地方自治体の課題を解決するアドバイザーとして全国を飛び回っています。厚生労働省の「シェアリングエコノミーが雇用・労働に与える影響に関する検討会」や経済産業省「シェアリングエコノミーにおける経済活動の統計調査による把握に関する研究会」の委員も兼任し、シェアリングエコノミーを社会に実装していくために活動しています。

また、世界各国のシェアリングエコノミーを視察し、２０１８年には、海外の大手シェアメディア「Shareable」にて、世界のSuper Sharer（スーパーシェアラー）日本代表として選出いただきました。

SHARE LIFE

気づけば、私はずっと「家族」を探してきた

私は「つながり」の恩恵を受けて生きてきたと思います。

平成元年に神奈川県横浜市、中華街や山下公園の近くの街で育ちました。現在も横浜の実家では、父がシェアハウスを経営しています。

一人っ子に生まれた私ですが、私の家はいつもにぎやかでした。朝起きると知らない人が家に寝ている。世界中を旅してきた父は、いつも旅先で出会った友人を連れてきては家に泊まらせたり、宴会をひらいたりしていました。

仕事が大好きだった母は、産後2週間で仕事復帰をして、海外出張へ飛び立ち、私はほぼ母乳を飲まずに育ちました。でも、母が結成した近所ママのネットワークで、隣の家のインターホンを押せば夕食を食べさせてくれる環境がありました。

私は、自分を本当の娘や妹のようにかわいがってくれる近所の家族や、日々家に出入りする父の友人たちなどのたくさんのつながりの中で育ってきたのです。

それは12歳で両親が離婚してからも変わりませんでした。寂しくなかった。むしろ、父や母の新しいパートナーが増えて、家族がもっと大きくなってとても幸せでした。でも小学校では「アンジュの親って離婚してるんだよね?」と〝普通の家族〟ではないことで何かから阻害されるような反応をされることもあり、そのたびに〝違和感〟を感じていました。

血はつながっていないけれど妹のように世話をしてくれるお兄さんやお姉さん、夕食をつくってくれる近所の家族など、多くの人と関わりながら生活をしたことで、**「血縁家族」という形にとらわれなくても、人と人はつながり支え合いながら生きていくことができるし、幸せや豊かさはつくれると思っていました。**

SHARE LIFE

個人の意思よりも組織の理論が尊重される社会への違和感

新卒で入社したリクルートでは、大企業をクライアントとして、人事制度や採用など人材領域にまつわる仕事に就きました。

さまざまなプロジェクトを担当させてもらう中で、ある種の違和感を覚えるようになりました。たとえば、景気の変動によってその年の新卒採用の枠が決まってしまったり、自分の意思に反して転勤が決まってしまい、家族とバラバラに住まなくてはいけなくなってしまったりすることです。そんな、「個人の意思よりも組織の理論が尊重される」ようなアンバランスさに釈然としない気持ちがありました。本人の意思と関係なく、その人の人生が決まってしまうというのがあまりに理不尽に思えたんです。

さらに、当時は東日本大震災直後だったため、これまで当たり前とされてきた価値観を根本的に考え直す時期にきていると感じていました。

既存社会の枠組みの中で、1つの企業に属して一生懸命働いて収入を得る。そんな生活がある日突然、人間の力ではどうしようもできないことで不安定となってしまう現実。必死に働いて貯めたお金でも、安心や幸せは買えないということに誰もが気づいたはずです。

こうした状況から、「個人が自分の意思で自由に働ける」という選択肢や社会環境の必要性を強く感じるようになっていきました。

そして、「クラウドワークス」というベンチャー企業に転職しました。クラウドワークスは、「個人がスキルをインターネット上でシェアすることで、個人や企業から仕事を得る」というスキルシェアのサービスを提供しています。そこからシェアリングエコノミー協会の立ち上げに関わり、現在に至ります。

シェアの恩恵に助けられて育ち、生き方や働き方の模索を経て、またシェアリングエコノミーに携わる仕事を始めてから、シェアを通じて人生が変わった人をたくさん目にしてきました。その中で、今日、私たちが直面しているほとんどの問題は、「シェア」という思想によって解決することができると確信をもつようになりました。

SHARE LIFE

シェアとは希望である

シェアとは希望である――。

シェアにはさまざまな意味がありますが、この本では「シェア」=「分かち合うこと」と定義します。

それは、私的所有や経済的な利益を追求する社会（資本主義社会）が限界を迎え、お金の価値や社会的ステータスなど、これまでの豊かさの物差しが揺らぐ時代になってきた中で、「個人と個人が共感や信頼を物差しとして、あらゆるものをシェアしながら〝つながり〟を前提に生きていく」という新しい生き方です。

それは、人が、企業が、国が、境界線を引き、私利私欲と独り占めに走ってしまったことで、かつてあった社会の支え合いやつながりが希薄化してしまった時代に、「シェアすることで、分断された世の中をもう一度つなぎ直す」新しい社会の希望です。

私たち一人ひとりが、企業が、そして社会が、つながりの中で分かち合い、誰もがシェアする当事者になる。そうすることで、今日、私たちが抱えている生きづらさや孤独から解放され、もっと自由に、安心して生きていくことができるようになります。

シェアとは、これからの新しい社会と新しい生き方をつくる、唯一の希望である、と私は確信しています。

「シェア」という思想から、これからの私たちの身近な生活がどのように変わっていくのか、そして、社会や人生がどのように変わっていくのか、問いを分かち合い、みなさんと一緒に考えることができたら幸いです。

Chapter 1

The New Era

第一章

新しい時代

今、私たちは大きな時代の転換点にいます。これまで「当たり前」とされてきた前提を失い、資本主義社会が疲弊と限界を迎える中、「個人」が主役となる、新しい時代が到来しようとしています。「幸せ」や「豊かさ」の定義、モノやお金の「価値」も、まったく新しいものに変わろうとしています。

前提が失われた時代に生きる私たち

幸福のロールモデルが消えた

私たちは、これまで経験したことのない「正解のない時代」に直面しています。

これまでは、個人にも社会にも目指すモデルがありました。戦前・戦後の「何もない」時代から、「何でもある」時代へと社会全体が一直線に前進し、大量生産・大量消費を繰り返しながら経済も急速に成長を遂げました。

その中で個人の生活も、貧しく「何もない」状態から、会社勤めで得た給料でマイホームやマイカー、その他あらゆるものを所有して「何でもある」生活を夢見るようになりました。一度会社に入ってしまえば終身雇用によって守られ、定年を迎えても年金を始め手厚い社会保障を受けられ、たくさんのモノに囲まれたまま穏やかに生涯を終えられる。そんな人生モデルを目指すことで、個人も社会全体も幸せになると考えられてきました。

しかし、今日の日本はこうした「前提」を失ってしまいました。

経済の停滞、人口減少、少子高齢化という社会不安、次々に起こる予想だにしない金融ショックやテロ・自然災害などを経験する中で、私たちはついに世の中が不完全であることを悟ってしまった――そう強く思います。

結果、今日、未来に期待ができない人は多いはずです。

たくさんのお金とモノを所有することが豊かさだと信じて進んできたのに、実際には「どんなに物質的に豊かでも、なかなか幸せにはなれない」と気づいてしまったのです。

年収と幸福度の比較研究では、「一定のラインまでは年収と幸福度は比例する傾向にあるが、あるポイントを超えると、年収は上がっても幸福度は比例しなくなる」という結果も出ています。

終身雇用やリタイア後の年金受給が保証されるかさえも不透明になり、「大企業に入ればキャリアも年収も老後も安泰だ」というロールモデルも壊れつつあります。

また、インターネットが代表するテクノロジーの進化、グローバル化によって、社会はより複雑に絡み合い、私たちの身近な生活にも大きな影響を及ぼすようになっています。

より人間が人間らしく生きるには

孤独の原因

私たちは今日、資本主義を中心とした考え方が最も浸透した社会に生きています。しかし、この資本主義社会は既に限界がきているのではと私は思っています。

そう考える理由は2つあります。

1つは、社会全体に「モノがない」時代から「ある」時代になったことで、モノを大量に生産して消費することでまわってきた経済モデルがまわらなくなってしまったという点です。

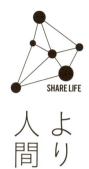

また、そのような経済モデルの原動力となる「もっと欲しい」という欲求のもと、個人も企業も国も、それぞれの欲求に従い、自分の利益を追求した結果、大きな格差と分断が生まれました。今や、「世界の億万長者上位8人が世界中の富の半分を握っている」というデータが出ているほどです。

もう1つは、「無限」から「有限」を意識せざるをえない状況になった点です。「地球上の資源は無限に使ってよい」という前提のもと、大量生産・大量消費を繰り返してきた結果、さまざまな環境問題が起き、「これまでのやり方をつづければ地球は崩壊してしまう」と意識しなければいけない局面を迎えています。

そして私が最も問題であると思っているのが、経済活動の中で、私たちは「人間らしさ」や「人とのつながり」を失ってしまったということです。

今日、私たちがモノを買うとき、お金（貨幣）のみが交換の価値であるとされ、もはやその貨幣を稼ぐことが人生の目的のようになりつつあります。しかし、もともと、貨幣経済がインフラになる前は、モノとモノを直接交換する物々交換がありました。着物とお米を交換したり、魚と野菜を交換したり、「お金を介さないで、それぞれがモノの価値を決める」という合意のもと成り立っていました。

またさらにそれ以前には、「贈与の経済」も存在していました。「お互いさま」「おすそ分け」の精神の、与えた瞬間に同等の価値が戻ってこなくても巡り巡って返ってくる、というつながりと信頼の関係性のもとに、成り立っていたのです。

また、戦後のモノがまったくない時代から、モノをたくさん生産して個人の消費を促してきたことによって、「モノの個別化」が進みました。近所で一台だったテレビは一家一台になり、一部屋一台になりました。大家族が前提だった家庭も、核家族になり、さらに今日は単身世帯が急激に増えました。国の調査では、ここ30年で「夫婦と子どもの世帯」の割合よりも「一人暮らし」の数が逆転しました。一人暮らしが最も多くの割合を占める国となったのです。

そして競争社会の中で、持つ者と持たざる者が明確になっていき、分断が生まれました。

さらに、コンビニやインターネットショッピングの発展に代表されるように、モノを入手する手段の効率化・自動化が進みました。かつてあった物々交換のように、モノを介して人とのつながりを感じたり、人間らしい活動をすることは極めて難しいように思います。

結果、衣食住において、人とのつながりを感じることは難しくなり、モノの個別化の歴史が、つながりの希薄化、孤独の原因となっているのだと思います。

今や1年に3万人が孤独死をしている事実をご存知でしょうか。

過労死が増えていることも深刻です。

過労死は、世界で最も裕福な国のひとつであるはずの日本でも頻繁に起きています。それは、「生きていくためには死ぬほど働かないといけない」という貧しさからではなく、「成長しつづけなくてはいけない」「もっと高みを目指さなければいけない」という強迫観念のために過労になってしまうということです。結果、長時間働いていると、会社の外との交流に割く時間はなくなり、人とのつながりも減り、誰にも相談できずに、孤独や精神的なストレスを抱えることになる。これが過労死を引き起こしているのではないかと思います。

シェアリングエコノミーは、資本主義が招いた、分断と格差、大量生産・大量消費、孤独などの問題を生み出さない、より人間が人間らしく生きることができる、持続可能な社会を生み出すインフラだと思っています。

SHARE LIFE

個人中心の時代の到来

組織から個人へのパワーシフト

シェアの時代の到来には、社会全体で「組織」から「個人」へのパワーシフトが起きていることが大きく影響しています。

これまでの社会では、お金・情報・モノ・仕事など、あらゆる物事が、国や銀行、企業などの「組織」を仲介者とすることで成り立っていました。したがって、お金や情報などは必然的に、さまざまな組織のハブとなる、より大きな組織に集まっていくようになります。いわば中央集権の状態です。そして、個人よりも、組織の論理の方が優先されやすいようになります。

しかし、近年インターネット上で個人と個人が直接つながり、組織を介さなくても情報やモノ、あらゆる物事をやり取りできるようになりました。すると、ハブとなる組織の必要性はなくなり、中央にパワーが集まるのではなく、個人に分散されるようになります。そして、個人がそれぞれのモノや情報のハブ機能になる、「個人中心の社会」が実現しつつあります。

個人と個人がつながる分散社会へ

個人と個人が直接結びつく、個人中心の社会では、組織を介す必要さえもなくなり、海を超えて海外の人ともつながれます。地球全体で、国や企業という大きな組織に管理される必要のない、個人が主役のインフラが実現するのです。

そうなると、たとえばもし国や企業が機能しなくなっても、個人と個人のネットワークによって社会を持続できる可能性も出てきます。

また、逆に個人が国や企業を監視できるようになり、組織の論理に騙されたり、搾取される危険性もなくなります。

働き方も大きく変わっていきます。

これまでは、企業や国など組織に属することで仕事を得る人が大半でした。しかし、個人中心の社会では、企業に入ることは働くための唯一の選択肢ではなくなります。個人が組織に属さなくても、自分がやりたいことを、好きな場所で好きな時間に好きな分量を選んで働くことができるようになります。

消費のあり方も変わっていきます。

これまでは企業がつけた値段で商品を買うことで経済が回っていましたが、個人間でのやり取りが生まれることで、個人が自由に価格設定できるようになります。その基盤にあるのは人と人のつながりにもとづく信頼です。

個人が主役の時代

組織社会から、個人と個人がつながる分散社会にシフトすることで起きる変化をまとめると、次のようになります。

◉みんなでモノの価値を決めていくことができる
◉みんなで権力を監視することができる
◉国やお金といった従来の社会システムの価値が揺らいでも、信頼でつながったネットワークさえあれば、社会を持続可能な方法で維持していくことができる

このように、今、個人が主役となれる時代が到来しつつあります。

また第４章で詳しく説明しますが、経済活動だけでなく、これまで国や行政に頼っていた公共サービス、社会保障などの社会インフラも、シェアによって、自分たちの手でつくれるようになることが期待できます。

個人が中心となった社会システムを構築できる可能性が高まるのです。

「豊かさ」のパラダイムシフト

お金から信頼へ

個人の時代にシフトする中で、「豊かさ」という概念そのものにもパラダイムシフトが起きています。

私たちは、目に見えるモノを所有して自慢する幸せよりも、もっと精神的な幸せ、豊かさに目を向け始めているのではないでしょうか。

なぜなら、たくさんのモノを所有しても、幸せはそこまで感じることができないと気づき始めているからだと思います。

これまで、就職ランキングトップの大企業に入って、たくさんの年収をもらって、いいクルマに乗り、いい家に住むことが、「豊かな人」のロールモデルと言われてきました。

それが個人の時代では、「個人として信頼され、ネットワークをもっている人」の方が、単なるお金持ちよりも信頼され、憧れられる存在になるのです。

これまではお金とキャリア、社会的なステータスやブランドが、社会的な価値に換算できる個人の資産と考えられてきました。**しかし、お金の価値そのものが揺らぎ始めている今の時代において、「豊かな人」のロールモデルは、「内面的にも満足し、他者とのつながりをもって信頼を得ている人」になっていきます。**

またそれに影響されるように、社会の豊かさの定義も変わり始めています。

社会の豊かさは、ＧＤＰを軸とした「モノやお金の量」で測られることが当たり前とされてきました。しかし今は、「ＧＤＰは本質的な豊かさを測れる指標ではない」といわれています。なぜならＧＤＰは、「毎年生産されるモノの総量」にのみ焦点が当てられていて、「見えない価値」は換算されないからです。たとえば、家庭内における家事や子育て、介護などの労働は含まれないのです。また、人とのつながりの価値なども含まれません。

ＥＵ欧州委員会や国際連合では、ＧＤＰという物差しの見直しが積極的に議論されています。経済的なモノの生産量ではなく、人々の生活の質、たとえば、教育水準、医療サービスの普及度合い、乳児の死亡率、平均寿命、環境問題への対処と持続可能な開発、レジャーに費やせる時間などの、相対的には測りづらい価値に着目する調査や検討が始まっています。

新たな豊かさの物差しを定義しようという国も出てきています。ブータンでは「ＧＮＨ（Gloss National Happiness）＝国民総幸福量」という、独自の指標を国家として打ち出しています。ＧＮＨは経済の成長を前提とした経済指標ではなく、文化や伝統、国民の健康など、72の指標にわたって国民の幸福度を測るもので、ＧＮＨにもとづいた政策もつくられています。

私から、私たちへ

つながりに幸せを感じる時代

個人として生きていける時代だからこそ、主語が「私」から「私たち」に変わってきています。

物質的に豊かになり、個人で何でもまかなえるようになったからこそ、他者とのつながりを感じることが幸せだと感じるのではないでしょうか。

お互いの違いや個性がこれまで以上に可視化されるようになったことで、逆に、自分と同じ思考、同じ趣味、同じ地域などの共通点が見つかることがうれしくなる。同じ空間やリアルな場で同じ時間をともにできることに幸福感を見出しているのではないかと思います。自分だけが体験するよりも誰かと一緒にその瞬間を経験する、分かち合うことが幸せなのです。

「所有から利用へ」と言われて久しいですが、その本質は、**単にモノを買って所有することに意味を見出すのではなく、利用することで他者とのコミュニケーションが生まれる、そういうつながりを求めたいと無意識に感じるようになったからなのだと思います。**

「自分だけよければいい」という感覚から「みんなにとってどうか？　私だけが得をしていないか？」という価値観に変わりつつあるということもいえます。

その背景には、高度経済成長期に、「社会の資源は無限である」という前提のもと、大量生産・大量消費を繰り返したことで、社会問題に直面したことや、この10年のあいだに自然災害や金融ショック、国際テロなどいくつもの大きな社会経験をしたことがあると思います。

私たちは、「社会の利益と個人の利益は切り離せないものだ」と気づいたのです。個人主義の時代には、自分がほしいもの、したいことよりも、「自分たちが何を一緒にもつか、使うか、みんなで何をするか、何に共感するか」ということが重視されるのです。

また、内面的な心の豊かさが重視されるようになってきていると述べましたが、物質的な充足は個人で完結しても、心の充足は、他者との関係性の中からしか生まれません。**幸せは、つながりからしか生まれない。究極、人間の幸福とは、目に見えないものです。当たり前かもしれないけれど、幸せとは、目に見えない。心で感じる共感や感動、愛する気持ち、そのほとんどは、人とのつながりからもたされるものなのです。**

人は本来、誰でも人とつながりたいという欲求をもっています。そのつながりに、居場所や拠りどころとなるところを感じます。

この「私たち」という価値観こそが、シェアという思想の最も核となる部分だと思っています。個人主義が当たり前になった世の中だからこそ、他者との共感の接点や、誰かとのつながりを感じることが幸せだと感じる。シェアとは、これからの新しい社会の幸せにつながる定義であり、思想なのです。

第1章のまとめ

◉社会全体が「モノがない生活」から「モノがある生活」へと変わった

◉大量生産・大量消費や格差を生む「資本主義」が限界にきている

◉組織から個人へのパワーシフトが起こり、個人が主役の時代に移行した

◉「豊かさ」の定義が、社会的なものから内面的なものに変わってきている

◉これからの時代は、「信頼」や「つながり」が価値となる

SHARE
LIFE

Chapter 2

Enlighten the New Value

第2章

新しい価値観

前章では、これからの時代は「個人」が主役の時代になること、「豊かさ」が内面的なものに変わっていくことをお伝えしました。その中で、なぜ今シェアリングエコノミーが注目されているのか？　そもそも、シェアとは何か？——この章では、これからの時代を生きる上で必要不可欠な概念である「シェア」の本質についてお話していきます。

SHARE LIFE

「シェア」とは？

昔からあったシェアという概念

今日広がるシェアの原風景には、かつての日本でよく見られていた「長屋文化」があると思います。

シェアという概念は昔からありました。

江戸時代の日本では、生活のほとんどすべてがシェアによって成り立っていました。長屋に暮らしてお隣さんと多くのスペースを共有し、お醤油や生活必需品を貸し借りし合う。冠婚葬祭具や雨具、布団、家財道具も、「損料屋」と呼ばれるレンタル屋さんでまかなう。地縁にもとづくコミュニティの中で、衣食住における多くのことを共有し、支え合うことで暮らしが成り立っていたのです。

それは個人と個人のつながり、信頼関係のもとで成り立っていたものです。

私のおばあちゃんは戦争も経験してきた世代の86歳ですが、「おばあちゃんが長屋の中で風邪を引いたとき、何かお願いできる人は、近所に何人いた？」と聞いたら、「何言ってるの、町中全員に決まってるじゃない。１００人くらいかしら。昔はすべてが『お互いさま』。お互いを支え合って生きていたの」と教えてくれました。

このような文化が生まれた背景には、経済的な理由もありますが、日本に根づく東洋思想によるものも大きかったと思います。

「すべてのものに神が宿り、ともに生きている」という八百万の精神のもと、自然との共生の中に自らの存在を見出し、他者との関係性を大切にする。「個人」という概念は存在せず、「自分は全体の中の一部であり、一部である自分が全体を構成する」と考える。江戸時代には、この共生の精神のもと「結（ゆい）」という相互扶助が成り立ち、農作業や雪かきなど、無償で労力を提供し合って共同体を維持していました。

今シェアリングエコノミーが注目されている理由

では、なぜ近年になってシェアが注目されているのか？

それには2つの背景があります。

1つに、インターネットの登場とテクノロジーの発展によって、お隣さんとのお醤油の貸し借りのような、個人間での貸し借りや売買が、簡単にできるようになったことです。自分が持っているものと相手が必要としているものを見て知ることができる。時間や距離という制約を越えて、複数の人との貸し借りや売買、その他のやり取りが一瞬で可能になる。さらに位置情報の活用や決済システムの進化などにより、個人間でのやり取りは現在進行形で、よりスムーズに、便利になってきています。

もう1つは、個人のあいだでも社会のあいだでも、シェアという思想への共感が広がりつつあること。これは前述したように、組織中心から個人中心の社会へのパワーシフトが起こり、「豊かさ」の概念が変化していることが関係しています。このような背景から、新たな社会をつくるものとしての可能性が注目されているのです。

個人と個人が生み出す新しい経済の形

従来のビジネスは、企業が材料を仕入れ、モノを生産し、消費者となる私たちにサービスを提供する「ＢｔｏＣ（Business to Consumer）」のモデルが一般的でした。私たちの生活は、基本的には、企業がつくったものを買い、所有し、消費することで成り立ってきました。

これに対して、シェアリングエコノミーは、「ＣｔｏＣ（Consumer to Consumer）」というモデルを可能にしました。個人が使っていないモノやスペース、時間や知識、スキルまで、あらゆるものが商品になり、私たち個人がサービスの提供者となることができます。さらに、自分たちで値段を決めたり、あるいは無償で譲り合ったりと、企業ではなく個人の裁量にもとづいてやり取りできるのです。

このＣｔｏＣのモデルをインターネット上でサービスにしたのが、「プラットフォーム」と呼ばれる、個人間のシェアを仲介する場を提供する企業です。

２００８年ごろからアメリカを中心に始まり、一気に広がりました。

たとえば、宿泊場所を提供したいホストと宿泊したい人を結ぶ、民泊シェアプラットフォーム「Ａｉｒｂｎｂ」や、自家用車を有効活用したいドライバーと、乗せてほしい人をつなぐライドシェアプラットフォーム「Ｕｂｅｒ」などが代表例です。

その勢いはアメリカにとどまらず、ヨーロッパや韓国、中国、東南アジアなど世界中に広がっています。

日本ではまだまだ「シェアプラットフォーム＝Ａｉｒｂｎｂ・Ｕｂｅｒ＝海外のサービス」という認識が強いですが、私が所属する「シェアリングエコノミー協会」に属するシェアサービス企業は約２８０社、そのうちの９割以上が日本の企業です。日本発のシェアサービスも、これからますます普及・発展していくだろうと考えられます。

組合型のシェア

企業を介さないことで利益を追わない「個人組合型」のシェアモデルも存在感を増してきています。昔からあった「組合」のように、個人が支払う組合費を共同資金として貯めておき、運営費やコストをまかなうしくみです。

アメリカで始まった組合型家事代行サービス「ＵＰ＆ＧＯ」は非営利プラットフォームで、マッチングされた対価のうち数％をサービスの運営コストに当てるしくみ。通常、企業仲介型の家事代行サービスでは、マッチングの20％～30％が差し引かれるのと比較すると、担い手となるシェアワーカーはより多くの収入を得ることができます。

昨年から、組合型にブロックチェーンを活用したプラットフォームも世界各地で登場しています。カナダで始まったブロックチェーン型ライドシェアサービス「Ｅｖａ」は、個人同士で支払額を設定することができ、「トークン」という独自のポイントのようなものを通じて支払うことができるというものです。

シェア時代には「信頼」が鍵

これまでのBtoCモデルでは、企業の評判や、国や業界が定めたサービス水準の指標などで、サービスの提供企業を信頼することができました。

一方で、インターネット上での個人間のやり取りでは、「何をもって提供者を信頼できるのか？」ということが課題になります。

そのための新たな方法が「レビューシステム」。いわば個人間の「食べログ」評価のような機能です。

インターネットでモノを売買したことがある人なら、この「口コミ」による評価が、取引の判断において多大な影響力をもつことを経験している人も多いかもしれません。

この機能によって、日本に昔から根付いていた「お互いさま」＝信頼にもとづく支え合いの関係を、場所を超えてつくることができる時代になったのです。

昔は顔見知りのコミュニティやつながりの中でしか、お醤油の貸し借りができなかったものが、インターネットを介し海をも超えて、一気に100人、1000人の初対面の人とやり取りできるようになりました。それを支えるのが、これまで相手と実際に会って相乗りをしたり、宿泊場所を提供したことのある人がつけた評価やコメントです。これによって、「信用できるかどうか？」が可視化され、次にやり取りする人が判断材料とすることができるようになりました。

逆に言えば、どんなにお金があって社会的地位が高くても、信頼を獲得できなければ、シェアというコミュニティや取引への参加は難しくなります。

このことについては第5章で詳しく触れますが、シェアという概念には、この「信頼」をどう捉え、私たち一人ひとりがどう再定義できるか、が鍵になります。

シェアが生み出す新しい価値

見えない価値が価値になる

シェアが生み出す新しい価値――それは、これまで価値だと思われていなかったことが、価値になることです。

シェアによって、これまでは価値と見なされづらかったものや、全国に眠っている価値あるものが、新たな形で見えるようになりました。たとえば、住む人を失い何十年もそのまま放置されていた空き家や廃校などを、民泊やゲストハウスとして生まれ変わらせるなどの事例があります。

「もう使えない」「価値がない」と思われていたものを、シェアプラットフォームを通じて、それを「ほしい、利用したい」と思う人と出会わせたり、資金や人をシェアプラットフォームで集めて再生させたり、ということが可能になったのです。

「企業が利益のために行う事業」という視点だと、需要が小さすぎてサービス価値として見なされなかったようなニッチな物事が、それを必要としている人と、その知識や経験を持っている人とがプラットフォームを通じて出会うことで、新しい価値が生まれるようになりました。

これは本当にさまざまな事例があって、「唐揚げが大好きな人が企画する唐揚げツアー」、「『生後1カ月の子どもの体重が増えない』という悩みを抱えたママ同士がつながり相談し合うコミュニティ」などもありました。

また、個人に視点を向けてみると、**個人がサービスを提供することができるようになったことによって、自分でも気づかなかった得意なことや経験が、誰かのためになる、価値として交換できるようになります。**

たとえば、一般の主婦の方などが他の家庭の家事や整理整頓を行うシェアサービス「タスカジ」では、これまで家庭のためにやっていた整理整頓の仕方や、作り置きの仕方を、依頼された家庭で実践したところ、大変喜ばれ、口コミが反響を呼び書籍を出版するなどの事例もあります。

家事や子育て、介護もそうですが、今、家庭の中にあって収入にならないと思われている仕事だって、本来は誰かのためになる価値であるはずです。シェアプラットフォームによって、そのような価値を見える化すれば、やっている本人も必要としている人も、その意義を確かめ合うことができます。

「ありがとう」という感謝の気持ちを可視化しようとするシェアプラットフォームも登場しています。

感謝経済コミュニティアプリ「ＫＯＵ」では、「してほしいこと」や「頼りたいこと」を交換し、「してくれたこと」への感謝の気持ちをコインとしてシェアすることを目的としたアプリです。

これまで、お金を介さない助け合いやモノの交換は、その価値を可視化するのが困難でした。しかし、このようなプラットフォームによって、「コミュニティやつながりの中で、どれだけ自分が助けてもらったか、また誰かを助けてあげることができたか」

がわかることで、これまでは資本として見なされなかった「感情の交換」を記録し、貯めていくことができる。**それがその人の信頼を高めることにつながったり、コミュニティの輪を強くしていくことにもつながります。**

制約からの自由。所有しない幸せ

シェアすることで、あらゆる制約から解放され、もっと身軽に、不自由さを感じずに生きていくことができる。私はそう考えています。

家、車、洋服……これまで私たちは、生活に必要な「よりよいモノ、より質の高いモノ」を得るために一生懸命働いてきたけれど、その結果、自由な時間は減り、捨てられないモノが増え、それが自分を不自由にしていることに気づきはじめているのではないでしょうか。

「今すぐ海外に住みたいのに決められない……」「今すぐ会社を辞めたいのに、辞められない……」今の生活を維持するために所有してきたモノは、今の生活を変えたいときには心理的・物理的ハードルになってしまうのです。**

しかし、生活においてあらゆるモノを共有すれば、好きな時間に好きな場所で好きなだけ利用したり、一時所有したりすることができる。毎日の生活をシェアに変えることで、モノを所有することでの不自由さや、自分を制約しているものから解放され、もっと自由に、新たな豊かさを得ることができるのです。

SHARE LIFE

シェアの本質とは「つながり」

新たな豊かさとは「つながり」

シェアすることで生まれる最も大きな価値は「つながり」です。**つながりが、お金や社会的ステータスのような、これまで個人の資産とされてきた資本と同じ価値をもつ時代が来たのです。**私はこれを「つながり資本」と呼んでいます。

現代は「安心のパラダイムシフト」とでもいうべき状況が起こっています。**そんな先行き不透明な時代において、確かな安心を買える資本こそ、「つながり」です。**

何かあったら手を差し伸べてくれる人が思い浮かぶこと――明日、もし地震が起こってもお米を届けてくれる人や、泊まらせてくれる家や人のつながりがあること、信頼できて気軽に頼れるコミュニティがあること――そのようなつながりを増やしていくことが、これからの時代を生きる上での重要な資産になるのだと確信しています。**そして、その「つながりをどれだけ貯められるか」が、これからの新たな豊かさの指標になるのではないかと思っています。**

つながり資産

つながりを資産だと捉える考え方は、「社会関係資本＝ソーシャルキャピタル」ともいわれています。アメリカの政治学者ロバート・パットナムは、人々が他人に対して抱く「信頼」、それに「お互いさま」「持ちつ持たれつ」といった言葉に象徴されるような「互酬性の規範」、人や組織のあいだの「ネットワーク（絆）」を「ソーシャルキャピタル」と呼び、個人にも社会にも利益をもたらすものであると提唱しています。

これまでの資本主義市場は、「私的な利益」の追求にもとづき、「物質的な利益」を原動力としています。

一方で、社会関係資本は、「人と人との共同利益」にもとづき、「シェアしたい・共有したいという欲求」自体を原動力としています。

「つながりが人の幸福や安心に直結する」という事実も、すでにさまざまな調査・研究で明らかになっています。

アメリカのバークマンとサイムの研究では、つながりの関係が少ない人は、多い人に比べ、死亡率が2倍にもなることがわかっています。

内閣府『幸福度に関する研究会報告――幸福度指標試案――』の調査では、「日本では、この30年で一人あたりのＧＤＰは2倍近くに伸びたにも関わらず、生活の満足度は上がっていない」という調査も出ています。

その一方で、国連の調査では、幸福の重要な要素として、一人あたりのＧＤＰよりも、「つながり」を重要な要素として挙げています。社会の経済的な豊かさをＧＤＰという指標で追求することよりも、「つながりをもつこと」を個人の豊かさと位置づけ、国の成長尺度として取り入れようとする国も出てきています。

シェアすることで誰でも「つながり」をつくれる

シェアする時代では、これまでよりもっと簡単に、誰でもつながりをつくることができます。そしてそれは、**一部の飛び抜けてコミュニケーションが上手な人だけの話ではありません。誰でも今以上のつながりをもてるようになるのです。**

私は2012年ごろから、海外旅行に行く際はシェアプラットフォームを活用するようになりました。Airbnbで宿泊させてもらったお家の家族と一緒にごはんを食べて、買いものへ行ったり、遊びに行ったり、同じ時間を過ごし、Facebookで友だちになる。すると帰国後も、もう一度その国に行くときには遊びに行ったり、相手が日本に来るときにはこっちが泊めてあげたりできる。Uberを利用して移動したときには、たった1時間の移動のあいだに話が盛り上がり、恋愛の話までして、その後もSNSで相談し合うような関係になりました。シェアサービスを利用すればするほど、世界中に友だちが増えていきます。シェアサービスを利用する以前は、泊まったホテルの担当者やタクシードライバーと、このような関係を築けたことはありませんでした。「企業のサービスを提供する人」と「それを受ける消費者」という関係では、気軽にその後の関係性をつくることは難しかった。しかし、シェアサービスにおいては、ホスト側も収入を得るための「本業」というより、「余っている場所を貸している、空いた時間を使っている」という意識が大きいため、利用者側とフラットな関係でいられることが多いのです。

旅をするとなったら、従来であればホテルに泊まり、タクシーで移動する。これだと、受けたサービスに対する対価を支払って終わりです。でも、ホテルに泊まる代わりにＡｉｒｂｎｂを使えば、ホストと一緒にビールを飲んで、ＳＮＳでつながって、次にその国に行くときにはもう友だちのような関係になっています。シェアハウスもコワーキングスペースも同じです。これまでは単に消費して終わりだったサービスが、人とのつながりが個人にストックされていく場になる。**「お客さまは友だち」**――まるでそんな感覚。シェアサービスの本質的な価値は、ここにあると思っています。

新たな人間関係、コミュニティ

シェアによって、人間関係も変わります。

これまで私たちのつながる手段は、「所属場所」で形成されることが基本でした。所属している学校・会社・町内会などです。しかしシェアによって、所属に加えて、「価値観・目的・消費」でもつながることができるようになりました。

本来、同じ趣味をもった人や、価値観のあう人、同じ世界観をもっている人とのネットワークは心地よいはずです。しかし、これまで、そういうネットワークを築く機会はあまりなく、会社・学校・保育園という所属によって集められたコミュニティで仲のよい人を探すしかなかった。

学生時代に青春をともにした仲間は友だちといえても、職場の同僚を友だちとまではいえない、という人は多いのではないでしょうか。学生時代の友だちにしても、ライフステージが変われば価値観も変わっていくのでだんだんと話が合わなくなり、「久しぶりに会ったら案外楽しくなかった」ということも起こりがちです。

また毎日の仕事や、子育てから介護まで、忙しくて、今の自分と価値観をともにする友だちを新たにつくる機会は限られています。**そうした観点で見ると、つながりをつくるきっかけとして、シェアリングエコノミーが果たす役割は大きいのではないでしょうか。**

また、「何かあったら気軽に頼れる」という関係性は、これまでは結婚や家族に求めることが唯一の手段だったと思います。しかし、自己表現の選択肢が増えた今、なかなかすぐに結婚が選択肢にならなかったり、結婚していたとしても家庭の中にすべてを求めることは難しくなりました。そんな中で、新しい人間関係をつくれるのが、シェア的なライフスタイルだと考えています。

コミュニティが居場所になる

何かをシェアすると、そこに仲間が生まれて、コミュニティができます。たとえば、人の家に泊まったり、モノや場所を共同所有したり、貸し借りをしていると、ときには迷惑をかけてしまうことや助けてもらうことがよくあります。そのような積み重ねによって、関係性が濃く、深くなっていきます。

たとえば、個人間でカーシェアができる「Ａｎｙｃａ（エニカ）」というサービスがありますが、最初は単純に好きな車をシェアしようと思って利用しただけでも、そこで出会う2人は単に車のオーナー、利用者というだけでなく、共通の趣味をもっています。だから自然と話が盛り上がるし、そこから発展して趣味のサークルができたり、さらには趣味だけにとどまらない関係性になったりということが現実に起きているんです。

働く場所も居場所になる

職場の人間関係も変化していきます。

私は、シェアオフィスやコワーキングスペースで日々仕事をしていますが、何かあったらいつでも頼れる関係があります。

なぜそういう信頼できる関係を築けるかというと、シェアオフィスでは、これまでの企業の中の人間関係とは大きく違うからです。これまでの仕事のあり方は、まず会社があり、事業があり、その事業に紐づいて自分の役割があり、その名刺の肩書きと肩書きで仕事をするのが当たり前でした。それ以上に相手のことを知ることや、交流する機会は限られていたと思います。

しかし、シェアオフィスにおけるつながりは会社対会社ではなく、個人対個人。個人と個人というところからまずつながり、そこから、コーヒーやランチを一緒にしているとき、シェアスペースでのちょっとした雑談から自然発生的に仕事が生まれるのがシェアオフィスです。

仕事という場においても、ワークとプライベートを分けるという思想から、公私という垣根を下げて、公私混同的に友だちのようなつながりをつくっていく。そういった機会を仕事場につくることで、つながりを広げていくことができます。

第2章のまとめ

◉シェアの原風景はかつて日本にあった「お互いさま」文化

◉テクノロジーによって個人と個人による新しいシェアの形が登場した

◉資本主義では価値がないと思われていたモノが、価値になる

◉これからの時代の一番の価値は、シェアによる「つながり」

SHARE
LIFE

Chapter 3

Embrace the New way of life

第3章

新しい生き方

前章では、新しい「豊かさ」や「価値」について触れ、最も重要な価値は「つながり」であるとお伝えしてきました。この章ではシェアによって、私たちの生き方はどう変わるのか？「つながり」を軸に、働き方、暮らし方、旅、老後、家族・子育て、教育など、シェアによる新しい生き方を提案していきます。

SHARE LIFE

シェアで「働き方」が変わる

「働く」概念が変わる

シェアによって「働く」という概念そのものが変わりつつあります。

シェアリングエコノミーのサービスの登場により、時間や場所にとらわれないワークスタイルが実現できるようになりました。シェアリングエコノミーを通じて収入を得る人は、すでにアメリカでは１０００万人、中国では６０００万人以上にものぼると言われています。

これまで「働く＝会社に勤める」というのが一般的な認識でしたが、シェアの普及によって、会社に属さなくても、「好きな仕事を、好きな時間に、好きな場所で、好きなだけ働く」ことが可能になります。

また、「会社に属さない働き方で活躍する人」と聞くと、たいていの方が「本職で培った、専門性の高いスキルを持っている人」をイメージすると思います。**しかし、確固たるスキルがなくても、自分の所有している場所やモノ、これまでの経験や知識をシェアすることで、誰もが収入を得ることができるのです。**たとえば、出張が多い人のペットのお世話を引き受けたり、自分の部屋を宿泊場所として貸し出したり、メルカリでモノを販売するなど、「生活の中で」稼ぐような働き方も可能になります。

会社で働くことの「制約」から解放される

私は以前、ネット上で仕事をしたい人と依頼したい人をマッチングするスキルシェアサービス「クラウドワークス」で広報をしていました。そのとき、シェアによって働き方を変えたことで人生が変わり、苦しい生活を乗り越えた人をたくさん見てきました。

保育園に落ちて会社を辞めざるをえなかった主婦の方は、クラウドワークスを通じて、自宅にいながら会社員時代よりも高い報酬を得ることができるようになりました。旦那さんの都合で海外移住が決まったけれど、シェアサービスによって、海外に住みながら仕事を得た方もいます。定年退職をした、とあるサラリーマンは、「これまでの経験を活かして誰かの役に立ちたい」という思いで執筆やエンジニアの仕事を受け、生きがいを見つけることができました。広告代理店で忙しく働いていたけれど、震災をきっかけに、ネット上で仕事しながら、家族全員で日本中をキャンピングカーで旅する生活を始めたという人もいます。

シェアという働き方は、これまで当たり前だと思われてきた働き方の「制約」をなくし、「働く」という概念そのものを変える可能性があるのです。それは人々がより自分らしく生きられるようになる、ということにつながります。

個人で稼ぐことのハードルが下がれば、高齢者の方や子育て中の方、専業主婦の方、障害者の方など、何かしらの制約をもっている方にも仕事をする機会がやってきます。

誰でも自分で価値を生み出し、収入に変えることができるようになる。そういう世界を実現できるのがシェアだからです。

　今、日本の人口は約一億二千万人であるのに対し、労働人口は約六千万人と言われています。つまり、子どもや学生を除く非労働人口、専業主婦やシニアの方などが全人口の半数近くいるわけです。その中には、「フルタイムで勤めるのは難しいけれども、ちょっとなら働ける」「家で子どもを見ながらでいいなら働ける」という方も多いはず。そういった非労働人口に含まれていた方たちが、シェアによって社会参画できるようになるのです。さらにそれは、数多の企業を悩ませる「人手不足問題」の解消にもつながると考えられます。

シェアワークな私の1日

　私は現在、法人組織の社員でありながら、個人事業主として政府や複数のクライアント、シェアサービスを通じて収入を持ち、昨年は起業して、自分が代表を務める組織の運営もしています。

働く拠点は、その日の予定に合わせて変えています。

自宅でもあるCiftのワーキングスペースと、シェアオフィス・イベントスペース・コワーキングスペースが併設された複合施設「NagatachoGRID」、さらに、世界300以上の拠点があり25万人以上のメンバーが登録する「WeWork」のスポット利用と、複数のコワーキングスペースを行き来しながら働いています。

もともと私は、ごく一般的な会社員でした。毎日フルタイムで仕事をして、会社と自宅を往復する日々。仕事自体はとても楽しかったけれど、とても忙しかったので、会社の外の人と交流する時間も場所も限られていました。

毎日満員電車で通勤するのは気持ちが滅入りますし、気分がのらない日も同じ時間に同じ場所にいなくてはいけないというルールも、今思えば少なからず身体のストレスに影響していたと思います。

また、一つの企業の正社員として毎月決まった額の給料をもらうということは、生活の収入源が一つの企業と一体になっていることを意味します。つまり、その会社の社員としての範囲内で生活のすべてをやりくりしなければならず、「ちょっと休みたい」、「違う仕事もしてみたいかも」と思っても、すぐに会社を辞めるのは勇気のいることでした。

そこで、収入も拠点も「シェアする働き方」に変えたことで、本当にさまざまな変化がありました。

一番大きかったのは、収入や肩書き、人間関係、やりがいなどの依存先を複数にばらしたことで、「もし何か起きても、そこにしがみつかなくていい」という安心感と自由を得られたことです。

仕事の幅もどんどん広がっていきました。会社員時代は、名刺に書かれているとおりの、「リクルートの営業」という肩書きでしか仕事が入ってこないことがほとんど。しかし、複数の仕事をして複数の肩書きをもつことによって、自分から仕事を開拓していけるのはもちろん、周囲から「こういう仕事もできるんじゃない？」「この案件やってみませんか？」と、予想外の提案や依頼ももらえるようになりました。

人とのつながりもますます増えています。会社員のときは、同じ部署の同じチーム内で働くことが基本でした。今は複数のプロジェクトを同時並行させ、また単発の案件やイベントなども無数に行っているので、クライアントもチームメイトも次々に変わり、日々新しい人と出会うことができます。年間1万人くらいの人と名刺交換して、数百人の人と直接関わり合いながら仕事をしています。

閉じられたオフィスを出て、働く場所も複数もつようにしたことで、「場所」をきっかけにつながりが生まれるようにもなりました。たまたまコワーキングスペースの隣の席だった人とアイディアを交換したり、プロジェクトを立ち上げたり……「コミュニティランチ」という一緒にごはんを食べる機会や、ヨガや映画鑑賞などの、さまざまなアクティビティもあります。子どもを連れてきている人もいれば、旦那さんや奥さん、親御さんが遊びにきている風景も日常。

コワーキングスペースで働く場所を一緒にしている人は、もはや同僚というより、「友だち」。会社の肩書きと肩書きでつながるのではなく、個人と個人というところから、つながりが生まれます。そのため、コワーキングスペースは、信頼できる深いつながりや、コラボレーションが生まれる機会が常に眠っている環境だといえます。

どこでも通用する評価と信頼が貯まっていく

本来、人が持つ価値は無限にあるはず。会社の肩書き以外にできること、得意なこと、趣味、経験……それは、今存在する職種には当てはまらないかもしれないし、企業で大きな収益を得られる分野ではないかもしれません。しかし、自分では価値がないと思っているスキルでも、そのスキルを必要としている人がいて、つながることができれば立派な仕事になります。それを可能にしてくれるのがシェアなのです。

また、そのプラットフォーム上には、依頼者からの評価と信頼が貯まっていくので、個人のもっているものが「見える価値」として転換され、どんどん蓄積されていくことも、シェアの大きなメリットです。

たとえば、子育て中の時期にクラウドワーク上で働いた実績を元に、地元の企業に就職をした方がいます。これまで「ブランク」と言われてきた子育てや介護の期間でも、子育てや介護を優先しつつも空いている時間に仕事を受けることで、ブランクをつくらず、どこでも通用する評価と信頼を貯めていくことができるのです。

先行き不透明な今の時代、いくら会社の中の地位や評価を高めても、思わぬ出来事によってすべて白紙に返ってしまうこともありえます。複数の仕事先、収入源をもつということは、単なるおこづかい稼ぎにとどまらない重要な財産になるのです。

副業解禁の追い風。一方で課題も

２０１８年には政府が「モデル就業規則」を改定し、多くの企業で副業を認める動きが出てきました。副業解禁の追い風は、会社員でありながら、副業としていろいろな特技や持っているものを活かして収入を得ることが可能になり、シェアワークの受け皿としては大変可能性があります。

たとえば、「会社員でありながら、個人としても何か社会に役立ちたい」という人や「自分の名前で何かをやってみたいけど、会社を辞めて一から起業するほどの自信や勇気はない」という人でも、どこかの組織に身を置きながら、自分の名前で活動できるのが、シェアリングエコノミーのいいところです。

自分が得意なこと、持っているモノやスキルを活かして、副業・複業の一歩としてシェアリングエコノミーを活用してみましょう。

一方で、個人がシェアだけで仕事をしていく労働環境は、まだまだ十分とは言えないのが現状です。フリーランスやシェアワーカーは労働法には守られておらず、社会保障なども、会社に務めるサラリーマンと比べると十分ではありません。世界でもこのような状況に対して新しい制度をつくる議論が進んでおり、国内でも環境の整備に向けて検討会が始まっているところです。セーフティネットの基盤を整え、雇用にとらわれずに安心して働ける環境をつくることが今後の課題です。

シェアで「住む・暮らし方」が変わる

人の自由の制約となるものは「場所」である

「家」とは、人生において最も重要なものであり、生活の基礎となるものですが、一方で、人生で新しい選択をしたいときなど、ときに自由を阻む大きな制約やハードルになるのも「家」なのです。

たとえば、何十年ものローンが残った一軒家を放り出して「明日から海外に住みたい」という決断ができる人はあまりいないと思います。家を所有した時点で、活動拠点がある程度縛られ、身軽さを失ってしまうことになるのです。

これまでは、一生懸命働いてマイホームを買うことが日本人の一般的なロールモデルでした。しかし、これからは、「場所」という制約を取り除いて、より身軽に、より自由な選択肢をもてることが重要になるのではないでしょうか。**家は必ずしも1つに限らず、全国に、世界中に「ただいま」と言える居場所をいくつももてることが、これからの豊かな生き方だと思います。**

「家を1つに限らない」といっても、何軒もマイホームを購入する必要はありません。「家をシェアする」という視点を取り入れればよいのです。そうすることで、人はもっと自由に、たくさんの居場所をもつことができるし、自分の家を解放してシェアすることで、自分の家を他の誰かの拠りどころにすることもできます。

全国みんなご近所づきあい。みんなの家が私の家。そんな社会が実現したらワクワクしませんか。

「世界中どこに行っても居場所がある」私の暮らし

私は生まれてから一度も家を所有したことがありません。

12歳で両親が離婚してからは、父の家と、母の家と、友だちの家を渡り歩き、その日の気分で寝る場所を変えて生活してきました。社会人になってからも東京でシェアハウスに暮らしています。現在は、拡張家族Ｃｉｆｔの拠点である渋谷キャスト、母と共同所有する熱海の家、さらにＣｉｆｔがもつ渋谷松濤の家と鎌倉にある家を行き来しています。

Ｃｉｆｔでは「メンバーがもつ家だったらどこでも泊まっていい」という『全国拡張家族拠点マップ』もシェアしており、それぞれがもつ家を合わせると、その数１００以上。つまり、私は全国１００以上の拠点を自由に行き来して暮らすことができます。

また、一週間以上海外に滞在する際は、コワーキングスペースならぬコーリビングスペース（Co-living Space）で滞在場所を探します。昨年は、「ＲＯＡＭ」という、一つのＩＤさえあれば、世界各国の拠点に「暮らすように滞在する」ことができるサービスを使って、バリ島に一週間滞在しました。

家をシェアすることの価値のひとつとして、他の誰かと場所を共同利用していれば、一ヶ月分の家賃で2つや3つの家をもつことができるという、経済的なメリットがあります。どんな場所のどんな物件でも、「一生モノ」の家としてではなく一時的な拠点として、あまりコストをかけずに気軽に住むことができる。次々に住まいを変えることだって可能になります。また、自分の家をシェアハウスとして貸し出したり、Ａｉｒｂｎｂなどを通じて宿泊場所として解放することで、消費の対象だった家が収入を生み出すことにもなり、住まいの選択肢が格段に広がります。

そして最もお伝えしたいのは、「世界中、どこに行っても居場所だと思える場所」がある状態が、自由と安心を感じることができる生き方につながっていることです。それは、「たとえ明日東京で地震が起こっても、地方にも海外にも居場所があるから大丈夫」といった心理的な安全につながっていますし、さらに、「都会の喧騒に疲れたから、ちょっと郊外の家に行って自然に触れながら仕事をしよう」といったフレキシブルで気楽な働き方も可能になります。

暮らしを起点につながりやコミュニティができる

シェアハウスのように、他の人と同じ家に暮らすことで深いつながりも生まれます。家を中心に、自然に家族のような集団が生まれ、暮らしの中で互いを支え合うことが可能になります。

以前は、何をするにも、買って用意することが当たり前の価値観になっていたけれど、シェアハウスに住んでいると、「誰かもっているかな?」「あの人に頼んだら、やってくれるかな?」と真っ先に思います。しかも頼んでやってもらったあとは、そこだけで関係は終わらず、むしろ深いつながりになっていく。アイロンの貸し借りから、配達の受け取り、風邪を引いたらお粥をつくってくれるところまで、生活における大体のことはシェアハウスの中で解決するのです。

これは「何かあったときも助け合える」という安心感につながります。

最近は、立地や広さなど家の条件ではなく、趣味・嗜好などでつながりが生まれるシェアハウスもあります。

たとえば、「ゴルファーのためのシェアハウス」には共有スペースにゴルフができる一角があったり、「クリエイターのためのシェアハウス」にはスタジオや作業場が併設されていたり、「起業家のためのシェアハウス」には投資家が訪れ、日々新たな作品やビジネスが生まれたりしています。「シングルマザーのためのシェアハウス」では、食事の準備や送迎、育児などを手伝いあったり、互いの相談に乗ったりしています。

それぞれのライフスタイルや趣味によって家を共有することで、コミュニティも生まれやすくなり、より充実した生活ができる形態が増えています。

家を所有しない様々なライフスタイル

住まいをシェアする発想は、「複数の拠点で暮らす」という暮らし方を可能にしてくれます。

最近では、「全国どこでも住み放題」を実現するサブスクリプション型の多拠点生活モデルも登場しています。月額4万円で、登録されている全国の家に自分の家のように住むことができる「ADDress」というサービスも登場しました。また「バンライフ」といって、バン（大型車）を改造して寝泊まりしながら、常にあちこち移動しながら暮らすというモデルが日本にも増えています。バンライフで生活している友人は、「地球上すべてが家みたいな感覚」と言っていました。

多拠点をもつという暮らし方がさらに進むと、そもそも「特定の拠点、家をもたない」という選択肢も生まれてきます。このような暮らし方を最近では「アドレスホッパー」と言います。自分の家を所有せず、常に旅をしながら民泊、ゲストハウス、コミュニティの中の家などを渡り歩いて暮らすのです。

日本の課題を解決する可能性

このような住まいをシェアする発想は、個人レベルの話にとどまらず、国が抱える問題をも解決する力を秘めています。

今、日本中の地方自治体が「過疎化」の問題を抱えています。日本全体が人口減少している中で、いくら特定の地域の人口を増やす政策を講じても限界があります。

その中で、今注目されているのが「関係人口」という考え方です。関係人口とは、移住してくる「定住人口」でもなく、観光に来た「交流人口」でもない、地域や地域の人々と多様に関わる人々のこと。「平日は東京にいるけれど、週末は釜石市に帰ってくる」というような、第二町民、第二市民的な考え方です。関係人口であればより気軽に人を呼び込むことができるので、完全に移住してもらうのは難しくても、経済活性や街の活性化につながっていく。このような取り組みを始めている自治体もあります。

一方で、課題もあります。

「住民票をどこに登録し、どこに税金を収めるか」といった問題です。選挙権の問題もあります。家庭をもっている人であれば「子どもの学校をどうするか」という問題も浮上してきます。

今後、このような行政上の問題がハードルになっていくことが想定できます。

私は、将来的には、住民票を自分で選べるようになったり、「1ヶ月のうち3分の2以上暮らしている地域に税金を収める」、「複数の公立の学校に通う」などの制度が整っていくのではないかと考えています。

実際に、徳島県では、地方と都市の2つの学校の行き来を容易にして、双方で義務教育が受けられる制度も始まりました。複数の地域で子どもを育てることが可能になれば、多様な価値観に触れ、複眼的な思考を養うことができます。また、それぞれの地域の活性にもつながると期待できるのではないでしょうか。

SHARE LIFE

シェアで「旅」のスタイルが変わる

暮らすように旅する

２０１２年ごろから、さまざまなシェアプラットフォームを活用して旅をするようになりました。

それまでの旅行ではホテルを利用していましたが、今では「Ａｉｒｂｎｂ」を利用して民泊をするようになりました。たとえばブラジルに行ったときは、リオに住んでいるカップルの自宅に泊めてもらい、ニューヨークでは、大きな豪邸を８人の友達と一緒に一週間借りました。

食事も、これまではガイドブックに掲載されたレストランに行っていましたが、現在は「ミールシェア」という、現地の人のご自宅にお邪魔して、手料理をご馳走になることができるサービスを利用しています。

また、料理教室を自宅で開きたい一般の人と習いたい人をつなぐシェアサービスもあります。私もニューヨークに旅行したときは、イスラエル料理をレッスンしてもらいながら一緒につくって、食事を楽しみました。

移動手段としては、シェアサイクルやライドシェアを使います。

これまでメトロや電車などの公共交通手段やタクシーを利用するしかなかったのですが、今ではスマホ1つでさまざまな移動手段を確保でき、旅の楽しみが広がりました。シェアサイクルでは、現地の細い道や路地を探検して楽しんでいます。Uberのドライバーは本業は別の仕事をしている人も多く、私が出会った中にはDJや画家の卵などがいて、話が盛り上がってそのまま友だちになることも多くありました。

私自身、このような旅のスタイルに変えてから、旅の概念が大きく変わったと感じています。**現地に住む人との出会いが増え、それも個人と個人として直接つながれることで、私もその国で暮らす人になったような感覚を得られ、「暮らすように旅する」スタイルに変わりました。何より、世界中にたくさんの友だちができました。**その友だちとのつながりの中から仕事が生まれたり、彼らが日本を訪れる機会があったときには、私の自宅に招いたりすることもあります。

旅先で深いつながりをつくることで、「もし明日、日本で何かが起こっても、世界中に助けを求められる」という安心感が生まれました。

ガイドブックの旅では得られないもの

旅において一番うれしいもの、それは、その場でしか生まれない新しい出会いや未知なる経験ではないでしょうか。

ガイドブックや事前のネット検索では出会えない体験は、現地に住む人と旅をする人が直接つながれるシェアだからこそ実現可能です。地元の人しか知らないお店に一緒に連れて行ってもらったり、穴場のスポットで一緒に遊んだり……宿泊先や食事などを提供してくれた人は、もはや友だち。「旅行客とお店の人」という関係ではなく、「人と人」としてのつながりが生まれるのです。

これまで、そういった新しい出会いを求めるのは、コミュニケーション力に自信がない人にとってはハードルが高かったかもしれません。**しかし、これまでの「ホテルに宿泊する」「レストランに行く」といった旅先での消費の仕方をシェアサービスに変えることで、誰でも簡単につながりをつくることができるようになりました。**

日本でも広がるシェアと観光のスタイル

国内でも、観光にシェアを取り入れることで、さまざまな可能性が生まれます。

たとえば、日本の文化遺産や眠っている地域資源を活かして、もっと旅行者にとって魅力的な観光地域をつくれることです。

日本では、「2020年訪日外国人4000万人」の目標を掲げ、旅行者数は近年過去最高を更新しつづけています。しかし、その大多数は東京・大阪・北海道などの一部の都市に集中しており、地方へは観光客が流れていないことが課題となっています。

古民家に泊まることができる民泊や、農家さんときりたんぽを一からつくる体験など、地元の人しか知らないものや、地方の伝統的な習慣を体験できることは、外国人旅行客にとっては大きな魅力です。最近では、自分の暮らしをそのまま体験型のアクティビティとして提供したい人と、誰かの生活を体験してみたい旅行者をつなぐ「Ｔａｂｉｃａ」というサービスが人気を集めています。また、エアライン大手のＡＮＡは、さまざまなシェアサービス企業と連携して、車や宿泊、観光コンテンツなどを地域で調達し、「手ぶらで旅をする」という新しい旅のスタイルを提案する取り組みも始めています。

自分たちにとっては「普通」のことが、誰かの特別な体験になるかもしれない――**個人と個人をつなぐシェアだからこそできる観光スタイルは、日本の地域を救う可能性を秘めています。**そのための政府の取り組みも始まっています。

たとえば、もともと、有償で外国語のガイドを行うには「通訳案内士」の資格が必要でしたが、２０１８年には資格がなくても有償でガイドができるように改正されました。地方自治体の公共施設を観光の拠点としてもっと解放しようという動きも進んでいます。

このような取り組みが進むことで、地方に新たな活力をもたらし、日本ならではの観光をもっと活性化することができると考えています。

SHARE LIFE

シェアで「人生100年時代」に備える

お金以上に必要なこと

人生100年時代と呼ばれる今の時代を生きている私たちは、平均寿命が伸び、長生きする確率が上がる一方で、老後へのリスクと不安が増大しています。

「将来、年金がもらえないかもしれないから、老後をどう生きたらいいかイメージできない」、「老後の貯金が数千万あったとしても、果たして足りるかどうかわからない」、「そもそもお金で不安すべてを解決できるのだろうか」などと感じている人も多いのではないでしょうか。

また、「無縁社会」と呼ばれる単身世帯が増え、人と人とのつながりが希薄になった日本社会では、老後の孤独・孤立の問題も根深いものです。都心のマンションで一人暮らしをするような「独居老人」の数は増えつづけており、年間3万人にものぼると言われています。つながりを失った末、誰にも看取られずこの世を去る「孤独死」の問題も深刻です。

このような不安が強まる中、老後も安心して暮らすために必要なことは、つながりではないでしょうか。

困ったときに手を差し伸べてくれる人がいること、生きがいを感じられるコミュニティが複数あることこそ、一番重要です。

つまり、老後に向けて貯めていくものはお金ではなく、つながりです。これまでの私たちは、家や保険など、お金を払って安心を買っていましたが、これからは「つながりで安心を買う」時代になっていきます。

一生のつながりと生きがいを見つけられる選択肢

シニア層のつながりの希薄化は、シェアで解決することができるはず。理由として、一つは、シェアリングを通じてコミュニティやつながりの再生ができること、もう一つは、シェアサービスを通じて生きがいの感じられる仕事や活動の機会を創出できることです。

高齢者の一人暮らしの背景は、「パートナーが先に逝ってしまった」「子どもがいない」などさまざまですが、最近では、高齢者に特化したシェアハウスや多世代で一緒に暮らすシェアハウスが出てきています。

日本では、一人で老後を迎えたシニアの女性たちが、7人で集まって一緒に拡張家族として暮らす様子がＮＨＫで特集されました。アメリカでは、ルームメイトを探しているシニア同士や、子育て世代の家族と部屋が余っている高齢者の同居をマッチングするサービスも生まれています。

暮らしだけでなく、シニアの新たな仕事の機会創出にも可能性があります。

これまで定年退職後の働く機会は限られていましたが、シェアのプラットフォームが登場したことによって、シニア世代でも自分のやりたいことや生きがいにつながるような機会に出会えるチャンスが増えました。80歳のおばあちゃんがＡｉｒｂｎｂで宿泊場所を提供したり、大企業でエンジニアをしていた男性が、定年退職後はクラウドワークス上でアプリをつくる仕事を受けたり……自分の持っているモノや、これまで培ってきた経験やスキルを活かし、収入を得ることができるのです。

クラウドワークスでシニアに向けた利用動向調査をした際には、「クラウドワークスを使う理由」の最も多い回答、割合にして65％が、「生きがい」や「自己成長」という結果が出ました。**シェアによって、誰かのために自分を活かせる機会が格段に広がり、やりがいや生きがいにつながる仕事と出会い、社会とつながることができるようになってきています。**

「介護」ももっとシェアで解決できる

介護が必要なときは突然やってきます。たとえ、最も働かなくてはいけない時期や子育てが大変な時期であっても――。身内の介護は、多くの人が関わることですが、社会の高齢化が進む中で、介護人材や介護施設の不足による介護難民の増加など、介護における問題は今後さらに深刻になると予想されます。

介護の現場では、一人の介護士が担う役割が非常に大きい上、介護士の資格が必要でない部分も介護士が担ってしまっているケースが多く、ハードワークが仕事を辞める原因になっていると聞きます。

こうした現状を解決するためには、資格をもつ人が本当に担当するべき役割を分割して考えていくことが大切だと思います。そこで役立つのがシェアの発想です。たとえば、買いものはシェアワーカーが代行したり、話し相手もシェアでつながりのある人が付き添ったり。本当に資格が必要なところとそうでないところを切り離して、介護をシェアすることで、今の介護人材の不足や疲弊の問題を解決できると思います。

実際に、「ＣｒｏｗｄＣａｒｅ」というシェアサービスがあります。

これは、要介護認定を受けていなかったり、病院の付き添いや外出の見守りなど、介護保険では対応できない助けを求める高齢者と、スポットで働きたいヘルパーさんをつなぐというものです。介護だけでなく、家事手伝い、ペットの世話、買いもの代行などの生活支援サービスも行っています。利用割合は、実は「見守り・話し相手」が38％と最も多く、「掃除・片づけ」が19％、「買いもの代行」が13％という順。必要なケアを切り出して分担することで、フルタイムで働く介護士にすべての負担がいくことがなくなり、かつ、もっと利用者のニーズにも応えられるサービスとして期待を集めています。

ほかにも、保育版Ｕｂｅｒと言われる「なでしこナース」というシェアサービスもあります。看護師資格をもちながら時間的制約があり働けない人と、看護師不足の医療現場とを直接マッチングさせ、単発や非常勤などの案件に特化して、元・看護師の時間をシェアするというものです。

このようなサービスはすばらしいものです。

しかし、サービスの活用だけでなく、本来日本にあったはずの「つながり」によっても、もっと介護をシェアしていくことはできるのではないか――そう強く思います。

私の住むＣｉｆｔでは、メンバーの親の介護のヘルプが必要になったとき、交代でごはんをつくって、親御さんのお家まで届けたりもしました。コミュニティの中に「お互いさま」ネットワークがあるので、将来、私の親のヘルプが必要になっても、自分がしてあげたように、みんなにお願いすることもできるという安心感もあります。

コミュニティやつながりの中で、もっと助け合える環境をつくることができるのではないでしょうか。

SHARE LIFE

シェアで「家族・子育て」の概念が変わる

家族の変化と、子育てが窮屈になった日本

現代の日本において、子どもを育てるというのは非常に大変なことです。

「拡大家族」から「核家族」となり、単身世代が増え、女性の社会進出が進み、「共働き夫婦」で子どもを育てることも当たり前となりました。シングルマザーなどのひとり親世帯も、年間１４０万世帯を超えるまでに伸びつづけています。私が昨年3月に登壇した「渋谷子連れ１００人カイギ」では、約70人の参加者のうち、親の世代などと2世帯以上で暮らす人はわずか2人だったことを覚えています。

これだけ人口が密集している都市の中にも関わらず、頼れる人がいない――**つなが**

りが希薄化した都会の中で、『なんとなく孤独、なんとなく不安』を抱えている人は多いのではないでしょうか。

２ＬＤＫのマンションに共働き夫婦二人で暮らし、子ども一人育てるのも大変。近所に祖父母や親戚はおらず、深い近所づきあいもないので、家庭の外にヘルプを頼めない。家から近い保育園は満員で順番待ち。そうなると、なかなか仕事に復帰できなかったり、１回１万円くらいかけてベビーシッターに頼んだりするしかない……。という悩みの声を、イベントや講演を通し、働くママ世代の方から実際に聞いてきました。

一方で、シェアリングエコノミー伝道師として、地方に仕事で行く機会が増えてから、「都心だけでなく、地方でも子育ての課題は大きい」というのを感じるようになりました。

都会からせっかく移住しても、地元のコミュニティに入れなかったり、世代間で断絶が生まれていたり、ＩＴを使ったりベビーシッターに頼むことは上の世代からよく思われない、などの話も聞きました。「地方の親密なコミュニティの中で子育てするために移住してきたのに、親も子どもも、かえって孤立してしまう」といった状況が、全国的に起きているように思います。

物理的な課題だけでなく、公共の場で子どもが泣くと冷たい視線を感じるなど、社会全体に「子どもをもつことへの心理的な安全」がないことも、大きな問題ではないでしょうか。

子どもはみんなで育てるもの

このような閉塞的な子育て環境を解決できる唯一の可能性は、**「子育てをシェアする」**ことだと私は考えています。

そもそも「子どもは社会のものである」という考え方を思い出すこと。「家と外」という自他分離な境界線をなくし、社会全体で子どもを育てていくシェア的思想に、一人ひとりがアップデートしていくこと。そこに、子育て問題を解決するカギが託されているように思います。

　私は今、独身ですが、前述したように、拡張家族Ｃｉｆｔの生活において子育てに関わらせてもらっています。

　Ｃｉｆｔには0歳から小学生までの子どもたちがいますが、自分も子育てに関わり始める前と後では、心理的に大きな変化がありました。0歳児の誕生に立ち会ったり、子どもと触れ合っていく中で、「本当の血縁でつながる我が子ではないけれども、我が子のように感じてくる」という、心理的な拡張を経験しました。この子が困っていれば助けてあげたいし、うれしそうにしていれば私もうれしい、将来進みたい道ができたら、なんでも支援してあげたい……これは、実際に子育てに関わるまで全く想像できなかった心理でした。

　コミュニティの中で、「みんなの子ども」として育てていくことで、それぞれが成長していく、表面的なレベルに留まらない「子育てのシェア」が実現可能になっていくのは、すごくおもしろいと感じています。

　Ｃｉｆｔのメンバーには、オープンリーゲイの男性もいます。彼が言っていた言葉がとても印象に残っています。

「今の日本に住んでいる中で、『結婚』も『子育て』も自分の中の選択肢にはなり得ないものだった。でも、ここでこうして子育ての一端を担わせてもらっている、いち家族として子どもの成長を一緒に見せてもらえるという経験を通して、自分も『子育て』ができるということを知った。日本には子育てしている人にとって優しくない環境があることにも気づくことができた。こういう形での『子育て』の選択肢、家族のあり方というのが、自分にとってはありがたいよ」

もしかしたら、私のおばあちゃんが言っていたような、「かつてあった長屋暮らしのコミュニティ」とはこういうことかもしれない――。そう感じています。

さまざまな事例を挙げてきましたが、シェアする子育てにおいて最も大切な問題は、「子どもは社会のものである」と誰もが思えるか、ということです。

「子どもが小さいときは泣き声で迷惑をかけてしまうから、連れて歩くのも肩身が狭い」「通勤時間の満員電車は危なすぎて、子どもを乗せられない」……このような声を、実際に身近なところから耳にします。こういうことが起きるのは、一人ひとりが「自他分離」的な発想をもつ社会だからだと思うんです。

国として子どもを産み育てることを推奨しながら、「待機児童」や「ワンオペ育児」といった問題がなかなか解決しないのも、個々人の根本に自他分離の発想とその同調圧力が強い背景にあると私は考えています。

子育てはシェアで解決

子育てのシェアを実現するために、さまざまなサービスや取り組みも増え始めています。

たとえば「ＡｓＭａｍａ」というシェアサービスでは、顔見知りのママ同士のコミュニティをアプリ上でつくり、子育てをシェアすることができます。「今日、17時から19時までの間だけちょっと見てほしい」といった要望をアプリを通じて出すと、「その時間なら預かれるよ」というメンバーとマッチングすることができるのです。非営利のサービスですが、利用者同士では『ありがとうの５００円』という謝礼金ルールがあるため、「頼んでばかりで悪いかな」といった気兼ねをすることもなく、気軽にお願いができます。

このような、ご近所のママ同士のつながりによる助け合いは、昔からあったものかもしれません。**しかし、テクノロジーによってそういったゆるいつながりが見えるようになり、より多くの人と気軽にコミュニケーションをとれるようになったことは、革新的だと思います。** 失われつつあった地縁コミュニティを、より広範囲で再現・構築できるようになったのです。

また、渋谷区恵比寿では、毎月2回、「恵比寿じもと食堂」という子どもとその親のための食堂が開かれています。都心エリアに住んでいる家庭は、一人っ子やワーキングママが多かったり、ご近所づきあいも希薄であることが多い中、「地域のご近所付き合いを取り戻そう」といったコンセプトで運営されています。食事代にちょっとした学びの体験の参加料も加えて、1回５００円という良心的な価格設定。恵比寿以外のエリアからも人が集まり始めているそうです。みんなで野菜の収穫体験をしたり、その野菜で料理をしたり、落語会をやったり……地域の中で一緒にごはんを食べて、一緒に学ぶ経験をすることで、子ども同士はもちろん、親同士にもつながりが生まれていきます。

品川にあるシェア&ゲストハウス「Ｍｉｒａｉｅ」は、国内外からさまざまな人が訪れ、ワークショップやイベントも頻繁に開催しており、常ににぎやかです。

オーナー夫妻の一人娘・エリちゃんはまだ7歳ですが、実は週に1回しか学校に行っていません。学校教育の代わりに自宅で教育を受ける「ホームスクーリング」という教育形式を取り入れて、自宅学習とオルタナティブスクールに通うことで、日々学んでいます。エリちゃんは自宅に訪れるたくさんの人々から、外国語やアートなどいろいろなことを自然に吸収しています。「世界子どもサミット」で英語のスピーチをしたり、絵や音楽を自作したりと、とても賢くてアーティスティックな子に育っています。

エリちゃんを見ていると、教育の仕方ひとつとっても、いろいろなやり方があるんだなと気づかされます。そして、本来の「学び」とは、地球上のすべてのものが教育資源であることなんだな、と思います。義務教育で教わるテキスト上の情報以外にも、生きる知恵であったり教養であったり、学ぶべきものはたくさんある。

学校の先生以外にも、家族や近所の人、たまたま知り合った人、いろいろな人から

知識や経験をシェアされ、実体験の中からも学んでいくこと。これこそ本来の教育のあり方なのです。

待機児童問題が深刻な課題となっている東京都では、渋谷区代々木に「つながりシェア保育園」がつくられました。シェアハウスと保育園と民泊施設が一体化した施設で、入居者と職員と滞在者とで、一緒に子どもたちを見守っていきます。

この形態自体もおもしろいのですが、もっとすごいのは、設立のための資金はクラウドファンディングで集められたということ。その額、なんと11日間で約1・7億円。普通の個人だったらまず融資してもらえない額だと思いますが、子育てのシェアを望む個々の力が集まることで、実現しました。

テクノロジーやプラットフォームによって、互助的な子育ての仕方が新たに生まれたり、地域のあり方が新しくなることで、みんなで育てていくコミュニティやネットワークがつくられる――そんな事例がこのほかにもどんどん生まれています。

家族観を捉え直す

今の日本は、家族や子育てに対する「当たり前」の価値観を捉え直す必要があるのではないでしょうか。

「子どもは血縁関係にある親が育てないといけない」とか、「家庭の中で育てないといけない」といった閉じた発想から、「子どもは社会の中で育てるもの」という発想に変えること。それだけで、もっと子育ては楽しくなるし、苦しいことや大変なことも減っていくし、もっと安心して子どもを産み育てられる社会に変わっていきます。それは、確実にこの国の未来へとつながっていくはずです。

家族のかたちや共生のかたちは、もっと、多様であってもいいいと、私は信じています。

Ｃｉｆｔのコンセプトである『意識でつながる拡張家族』は、まさに私がずっと探してきた家族のあり方を、実験し体現し、その輪を広げていくことができる挑戦でした。

血のつながっていない家族と向き合う生活の中で、他人を愛くるしいと思う感情、自分の弱さをさらけ出して心を開く勇気、他者を思い、何かしてあげたいと思う気持ちなどが、たくさん湧いてきました。「他者を自分ごとのように受け入れたい」という、自己の変容と心の拡張を感じつづける毎日でした。

つまるところ、家族とは、血縁関係や社会的な枠組みではなく、「感情の拡張」で捉えられるものなのではないでしょうか。

「家族」のかたちに正解はありません。答えがないからこそ、大切なのは、どこまで自分を閉じずに開きつづけられるか、どこまで他者を自分のことのように受け入れられるか、ということ。それぞれが自分と向き合い、自己を拡張していく先に重なりが生まれたとき、新しい家族のあり方があるのではないでしょうか。

ちなみに、歴史を紐解くと、家族という概念は、実は血縁にもとづかないものだったといいます。宗教が軸にあった時代は、アイデンティティによって家族が生まれていた。国民国家が誕生した19世紀は、イデオロギーにもとづき互いを家族と呼び合っていた。つまり、家族とは、「自分が信じたい対象と、それに共感する他者との結束」なのかな、と思います。

家族は誰にとっても重要である一方、その「家族」という社会的な固定観念が、ときに人を苦しめ、自由を阻む制約になり得ると思います。

そこで、家族のかたちを一人ひとりが定義し直すことができれば、もっと社会は豊かになるのではないか。家族という概念を拡張した先に、より平和な社会を築くことができるのではないか。満員電車で困っている親子も、「全部自分たちで解決しなきゃいけない」と疲弊してしまう共働き家族も、孤独で命を経つという選択をする人も、もっとみんなで手を差し伸べあえば、「救い合う」ことができるのではないか――そう信じています。

SHARE LIFE

シェアで「学び」が変わる

日本の教育は「肩書き偏重」

人生１００年時代と言われる今、大人になっても一生学びつづけることの重要性が語られるようになってきました。ここでの「学び」とは、学校教育で教わること以外の「生きる知恵」や「教養」といったものも含まれます。

しかし今の日本は、「何を学んだか」ということよりも、学歴に代表されるような「何かを学んだ」という事実の証明ばかりが重要視されています。「学歴や資格がなければ就職ができない、書類で落とされる」ことも常識のようになっており、「何を学び、何を身につけたか」という本当に大事なことが軽んじられているように思うのです。

「何を学ぶべきか」ということに答えはありませんが、だからこそ、「多様な学びの機会があらゆる人に開かれている」ということが重要になってきます。

そんな中で、シェアという発想が、「学び」の概念を大きく変えると考えています。

「互いに教え合い、学び合う」新たな学びの形

シェアが提示するのは、「誰もが先生であり、誰もが生徒である」新しい学びの形です。

先生が生徒に対して一方的に教えるのではなく、誰もが先生となって自分の知識やスキルを教えることができ、同時に生徒となって教えてもらうことができる。

たとえば、私はシェアリングエコノミーに関することはもちろん、仕事や肩書きに関係なく、英会話や卵焼きのつくり方も教えられる。そういうふうに、生きる知恵だったり、趣味の延長だったり、個人が教えられることというのは実は無数にあるはずです。

ただ、これまでは「教えられる人」と「教えてほしい人」をマッチングする手段がありませんでした。それが今、シェアのプラットフォームの発展にともなって、個人と個人が直接つながり、場所も時間も関係なく、全世界で需要と供給をマッチングできるようになりつつあります。こうして「互いに教え合い、学び合う」世界観はどんどん広がっていくだろうと考えています。

プラットフォームが学びのハードルを下げる

たとえば、「シブヤ大学」という非営利団体は、「〝教える〟と〝教わる〟を自由に行き来できる」新しい「共育」システムを掲げています。

授業料は無料。渋谷の町中をキャンパスとして、外国の方が自分の国の文化や言語を教えたり、天体観測が好きな人が望遠鏡の見方を教えたり……お互いが持っている知識や経験を楽しくシェアすることで、それ自体が他者にとっての学びの機会になっています。

オンラインベースでもこのような取り組みは広がっています。

たとえば「ストリートアカデミー」というウェブサービスでは、「教えたいと学びたいをつなぐ、まなびのマーケット」をコンセプトに、資格の有無に関わらず自分の教室を開くことができます。これを通じて、正式なスクールや習い事という形ではなく、自分がちょっと得意なものを気軽にシェアすることができます。

プラットフォームを通して、これまで国家や企業から提供されてきた「教育」というものが、どんどん民主化されているように感じます。

結局、教育、特に大人の学び直しのハードルになっているのは、時間もお金も限られている中で「何を学ぶべきか、学びたいか」が自分でもよくわからない、という点だと思います。しかも学びの選択肢も少なく、初期投資のコストも高いために、学び直しに対してのハードルがとても高くなってしまっている。「周りにやっている人も多いし、なんとなく必要な気がするから、年間50万円かけて駅前の大手英会話スクールに毎週通う」……今の大人の学びの機会は、このような状態に限られてしまっているのが現状ではないでしょうか。

しかし、シェアのプラットフォームが整っていくことによって、誰もが教える側に

回れると同時に、低コストで誰かから教えてもらうということも可能になります。そして、「陶芸ってこんなに楽しいんだ」「英会話が必要だと思ってたけど、フランス語の方が好きだな」といったように、自分の興味関心もどんどん広がっていく。今度はその分野で教える側に回る、ということもあるかもしれません。

誰でも「教える側」になれる

また、シェアによって、誰もが「教える側」に立つことが当たり前の世の中になります。

教える側に立つことで自分が人に提供できる「価値」に改めて気づくことができるようになる。「シェアする仕事」のところでも書きましたが、一つの会社、一つの環境の中で見過ごされてきたような個々の価値が、シェアすることでどんどん誰かの役に立って、お金にも変わっていくということが起こる。それは専業主婦や定年退職されたシニアの方などの社会参画にもつながります。そして、これまで「教室を開けるようなすごいものではないから」と個人の中に閉じ込められていた価値が、次々に世の中に出ていく。**学びが解放され、従来の教育のカリキュラムになかった分野がたくさん出てくるようになると思います。**

学びの選択肢が広がることは、もちろん大人に限らず、子どもに対してももっと豊かな学びの機会を提供していくことにつながります。

「シェアする子育て」で触れた、新しい教育の形である「ホームスクーリング」であったり、カドカワが運営する「N高等学校」のようなインターネット上の学校であったり、通学しないという選択肢もじわじわ増えつつあります。そうであっても、「すべての人が先生であり、すべてのものが教材であり、すべての人が生徒である」という新しい教育の形であれば、学びの機会は失われるどころかますます広がっていくはずです。

第３章のまとめ

◉シェアで、好きな仕事を、好きな時間に、好きな場所で、好きなだけ働くことができる

◉シェアで、世界中に「ただいま」と言える家を持てる

◉シェアで、暮らすように旅することができる

◉シェアで、子育てや老後はもっと楽になる

◉シェアで、誰もが「教える人」であり「教えられる人」になれる

※巻末には、具体的な例やサービスを紹介するメディアの情報を掲載しています。

Chapter 4

Save the Society through Sharing

第4章 つながりが社会を救う

前章では、仕事・暮らし・旅行・老後・子育て・教育など、個人の生活が「つながり」を軸として大きく変わっていくことをお伝えしました。「シェア」は、個人の生活に大きな変化をもたらします。では、社会という視点でみると、「シェア」はどのような変化を与えるのでしょうか？　この章では、シェアがもたらす社会の変化についてお話ししていきます。

SHARE LIFE

日本が直面する課題

今、社会はこれまで経験したことのない「正解のない時代」に直面していると思います。

これまで、社会には目指すべきモデルがありました。戦前戦後の何もない時代から「ある時代」へと一直線に社会全体が前進し、地球の資源も無限に使用できるという前提の中で、経済も順調に成長をつづけた。そうして生み出された豊富な財源により、「ゆりかごから墓場まで」的な前提のもと、年金をはじめとした社会保障制度を提供することで、社会全体が幸せになると考えられてきました。

しかし、今日の日本はこうした前提を失ってしまった。経済成長の停滞、人口減少、少子高齢化といった社会不安の中、社会制度は柔軟に形を変えられないまま硬直化し、借金を膨らましながら衰退していく地方や、社会保障の維持にたくさんのお金をかけています。

こうした状況に、社会はいつまで耐えることができるのでしょうか。

私は２０１７年、政府より、シェアリングエコノミーを通じた地域課題の解決をミッションとする「内閣官房シェアリングエコノミー伝道師」を拝命しました。以後、毎月のように、全国のいろんな地域に行き、自治体や地域団体にて、シェアリングエコノミーを政策や事業に取り入れるためのアドバイスをしています。

また、世界各国を視察し、シェアを通じて社会問題に取り組んでいるさまざまな国や都市の事例を見てきました。**その中で、今社会が直面しているほとんどの問題は、「シェア」という概念を取り入れることによって解決することができると確信をもつようになりました。**

個人、企業、地域、国、それぞれがシェアする当事者となり、かつてあったはずのつながりを回帰することで、社会に「共助」のしくみを再構築すること。また、それぞれが持っているモノや場所、時間、経験まで、社会全体で共有できるものに変えていくこと。そうすることで、新しいものをつくったり、限りある資源やお金に頼ったりしなくても、安心して暮らせる社会になると考えています。

日本には、昔から「結」などの支え合い、おすそ分けの文化があります。文化的には本来、シェアリングエコノミーと相性がいいはずです。日本は世界でも未だ見ぬ課題先進国であるからこそ、個人と個人がつながりの中で「共助」のしくみをつくっていくことで、新しい持続可能な社会のモデルを世界に提示していくことができる、と信じています。

公助・自助・共助：失われた共助機能と公助の限界

これまでの社会は、「公助・自助・共助」の3つの機能によって維持されてきました。自分で自分の生活を守る「自助」、国や自治体などの公的機関が交通などの行政サービスを提供して個人や地域を守る「公助」、そして、地域のコミュニティや共同体のつながりを通じて助け合いを行う「共助」です。

しかし、今、この「共助」の機能が失われつつあります。

無縁社会や孤独死の問題など取り上げられているように、地方の人口流出と地域コミュニティの高齢化、都心を中心とした単身世帯の増加などを背景に、かつてあった地域のコミュニティやつながりが希薄化しました。かつては自治会や町内会、地域活動が共助の機能を果たしていましたが、都心を中心に失われつつあります。

私も社会人になってから東京に暮らし始めましたが、どこに町内会があるのかわからなかったですし、近所の人と関わりをもつのは勇気のいることでした。「もし明日地震が起こっても、マンションの隣に誰が住んでいるのかわからないから、助け合えない」。そのような人は多いのではないでしょうか。地方にはまだ共助が残っている地域もありますが、コミュニティの高齢化や、都心部から移住してきた若い世代と、古くから住んでいる上の世代との壁など、さまざまな問題が出てきていると聞きました。

「公助」の機能にも限界がきています。

これまでと同じように、公共インフラやサービスを維持していく財源がないのです。

人口減少による税収の減少によって、今、多くの地域は、国の補助金に頼らざるをえない経済的な危機に直面しています。

シェアで共助を再構築する

そのような中でも、シェアを通じて個人がつながることで、新しい形の共助を再構築できる可能性があります。また、公助に求めていたものを、その新しい共助機能によって補完できる可能性もあります。個人と個人のネットワークやコミュニティによって、持続可能な社会をつくっていけるのです。

北海道天塩町という人口3200人の地域では、少子高齢化により、この60年で人口は3分の一になりました。かつて利用されていた公共交通、バスや電車の本数は、人口減少とともに年々減少。「交通弱者」や「買いもの弱者」と呼ばれる高齢者が増加しました。

天塩町に住むおばあちゃんは、自分の町から70㎞離れた稚内市の病院に通うのに、数少ないバスと鉄道を乗り継ぐと片道３時間以上かかり、公共交通を使って日帰りで帰ってくることができない――。このような、自助と公助が働かなくなった状況を打破すべく、天塩町では、シェアを通じた新しい共助の形として「相乗り交通」という取り組みを始めました。「ｎｏｔｔｅｃｏ」というライドシェアサービスと自治体が協力して、マイカーで移動している地域の人と、車をもたない人とをつなぎ、相乗りをする取り組みです。これは、高齢者の方を中心に多くの町民を救い、たくさんのメディアで取り上げられました。

公助を維持できず、限界を迎えつつある地域においても、シェアリングエコノミーを活用すれば、誰もが安心して暮らせるコミュニティの再構築が期待できます。

SHARE LIFE

シェアで地域課題を解決する

日本政府も重点施策として推進

天塩町の事例のように、シェアの概念を地域に導入し、あらゆる地域課題の解決を目指す自治体のことを、「シェアリングシティ」と呼びます。

シェアを地域のインフラとして浸透させることで、町に眠る公共資源、人、モノといった遊休資産を活用していきます。それによって、町全体の経済効果の向上を図りながら、人口や観光客の減少、交通手段の不足、子育て・介護などの課題を解決します。「公助」から「共助」へ移行することで、持続可能な町づくりの実現を目指すモデルです。

インターネットやプラットフォームを通じて、あらゆるものがつながり、シェアできるようになれば、これまでは閉じられた地域でしか助け合いのしくみができなかったものが、広く開かれていくようになります。そして、都心と地方など、地域の外の人とのつながりをも生み出すことができるのです。

シェアを通じたインフラが地域に広がれば、国や自治体の支援がなくても、地域の内外の人同士、共助の力で生活の課題を解決できる可能性があるのです。

もともとシェアリングシティという概念は、ヨーロッパから始まりました。

海外のシェアリングシティは、実は主に人口が集中する都市部における課題に対しての手段として広がってきました。それが今、都市課題だけでなく地方課題、特に、日本が抱える人口減少や高齢化といった地方自治体の課題に対しても有効だとして、注目され始めているのです。

日本でも、政府の重点施策として、シェアリングエコノミーを活用したシェアリングシティを推進しています。

政府は、２０１８年6月に発表された成長戦略の中で、「シェアリングエコノミーを活用・推進する自治体の創出」を具体的な数値目標とともに設定しました。また公共事業としても、総務省による「シェアリングエコノミー活用推進事業」として、地域人材の活用、子育てなどの女性活躍支援、地域の足の確保、未定利用スペースの活用など、4つのテーマにおいて、自治体の実証実験を支援する取り組みが行われています。

〈シェアリングシティの取り組みで期待されること〉

●持続可能な共助機能（補助金頼りなモデルからの脱却）
●地域の就業機会の創出（子育て女性や高齢者など地域での新たな仕事づくり）
●過疎地域の代替公共交通手段の創出／観光客の新たな移動手段の創出
●有休資産の利活用（空き家・空き店舗・低未利用の公共施設等）
●観光業の活性化（宿泊施設需要の取り込み、観光プログラムなど）
●地域のセーフティネットの創出（子育て支援・高齢者支援・災害時等）

佐賀県多久市「シェアで就業機会の創出」

地域にいながら働きたいけど、地域に仕事がない——。

今の日本では、「自分の出身地や、好きな地方で暮らしたい」といった希望をもちながら、その地域で収入源を確保できないので諦めざるをえない、という人も多いのではないでしょうか。


佐賀県多久市は、シェアリングエコノミーを通じて、「地域ではたらく」を創出する取り組みを行っています。多久市は、かつて炭鉱の町として栄えましたが、１９７０年代に閉山して以来急速に人口流出が進み、現在では人口は2万人を切りました。保育園などの施設が豊富にあるなど、福祉的な豊かさがある一方で、就業機会がないことが、直接的な人口流出の課題となっていました。

これを解決するため、多久市は２０１６年11月より、シェアリングエコノミーを活用した働き方を地域の方へ案内し、研修・サポートまで行う取り組みを始めました。

コワーキングスペースや、託児スペースにも活用できるコンテナハウス「ローカルシェアリングセンター」を開設し、2名のサポートスタッフが常駐するコミュニティセンターを運営しています。その中で開催された「クラウドワーカー育成プログラム」では、インターネットを通して個人が企業などから仕事の発注を受けるクラウドワーカーの育成を行い、子育て中の主婦や70代のシニア層など、合計40名が研修生として参加。研修を修了した後は、「クラウドワークス」を通して仕事を受けながら働くことが可能となります。

「クラウドワーカー育成プログラム」に参加した松尾梨香さんは、山形の大学を卒業後、地元のケーブルテレビに入社。26歳で結婚を機に退職し、3人の子どもを育てています。

「子育てを優先したいという軸はぶれないものの、空いた時間に在宅で仕事ができるといいなと思い、研修に参加しました。収入が目的というよりは、子育てをしている中でも、自分のスキルが誰かの役に立てることがあるのであれば、役に立ちたいという気持ちです。このようなシェアサービスを通じて、地元に暮らしながら柔軟に仕事ができる機会があることを知らない方は、まだまだ多いです。企業に正社員として雇用される以外にも、好きな時間に好きなことを通して仕事ができる機会があることを、もっと多くの人に知ってもらいたい――」。

また多久市は、２０１７年10月から約１年半の期間、「地域おこし企業人」という、都市圏の企業の社員を一定期間受け入れ、地域独自の魅力や価値向上につながる業務を行ってもらう制度を活用。地域型観光に特化したシェアサービス「ＴＡＢＩＣＡ」を運営する株式会社ガイアックスから、１名の派遣を受け入れました。

ＴＡＢＩＣＡは、地元の人がホストとなり、地域の魅力を案内する活動をサポートするものです。主に地元の観光協会の職員に対して、観光コンテンツの開発指導を行い、今では、多久市ならではの観光体験が65体験提供され、年間３００人ほどのお客様が市内や県内、県外から参加されています。ＴＡＢＩＣＡの導入によって、市民主体での活動が可能になり、体験件数、参加者は右肩上がりで伸びている状況です。

たとえば、田舎のおじいちゃんおばあちゃんと農園体験、幻の自然薯掘り体験、素足にやさしい布ぞうりづくり、多久山笠曳山体験など、多彩なコンテンツが出来上がっています。地元では「当たり前」で「普通」なものが、他所から来た人からすればユニークで貴重な体験になります。体験終了後には、ゲストから長文のレビューが届くことも多いそうです。「写真などで見たことはあっても、実際に本物の自然や農園設備を目の当たりにすると、感慨深いものがあります。まさに至福の時間です」というコメントや、「地元の方のホスピタリティーに触れられて、とても楽しい時間を過ごすことができました」というコメントなど……これがホストにとっても生きがいにつながります。これらの体験から、ゲストもホストも、新たな感動や出会いを得ています。

これまで、地域における仕事を増やすには、地元の企業の雇用を増やすか、都心から企業を誘致するかしか、選択肢がありませんでした。しかしこれらは、日本全体で人口減少と、企業と人の都市集中が起きている今、現実的な策ではありません。

そんな中、シェアプラットフォームを通じて、地域にいながら全国の企業や個人から仕事の発注を受けたり、地元のコンテンツをサービスにして提供することが可能になったりと、「地域に暮らしながら仕事をつくる」ことが可能になってきています。

長野県川上村「女性が暮らしやすい村へ」

レタスの生産量日本一を誇る長野県川上村は、「女性が暮らしやすい村」を掲げた、『ＫＡＷＡＫＡＭＩ ＳＭＡＲＴ ＰＲＯＪＥＣＴ』の一環として、シェアリングエコノミーのしくみを取り入れている地域です。私自身も、３年間、「キュレーター」としてシェアの普及に携わらせていただいています。

人口４０００人弱の小さな村ながら、比較的経済的に恵まれた農村地域である一方、人口流出が年々加速し、農業後継者としての男性の非婚率が上昇。一方で、川上村の女性はとにかく忙しい。川上村の農家に嫁ぐ女性は、繁忙期は農作業に従事しながら、家事、子育ても一手に担うケースが多いのです。さらに、旧世代から受け継がれてきた「家のことは女性がやるべき」といった文化的な風習も残る中で、自由な時間はなく、子育て世代の女性にとってはとても厳しい環境がありました。

そのような状況を打破するため、シェアのしくみを通じて家事や子守、買いものなどを地域住民に頼めるサービス『ＭＡＫＥＴＩＭＥ！』を開発。共助のしくみで結婚を取り巻く環境を向上させる実証実験を2016年に実施。期間中には、約30名、101件の利用がありました。MAKETIME!によって創出された時間を活用して、村の女性が主導するイベントの開催や、女性を応援するチームの発足、生涯学習講座の開催などさまざまな活動が生まれました。現在は、子育て世代のママたちによる大きなコミュニティが生まれています。

川上村に住む川上知美さんは、私にこんな話をしてくださいました。

「都会から川上村に嫁いで数年間、なかなか地域の人とつながりがない。いろいろな保育園の会とか、地域の集まりのようなものはあったけれど、なかなか友だちができなかったんです。一方、育児は大変。ちょっと困ったときに頼ったり、子どもの見守りをお願いしたりする相手がいなかった。でも、シェアという概念に出会ってから、『お互いさま』という気持ちで思い切って声を発してみたら、びっくりするくらい、『いいよ』という返事が返ってきたんです」。

日本中で世代交代が起きている今、地方ほど世代間や地元の人と移住してきた人とのあいだに壁がある。いろいろな地域を回る中で、そういった声を何回も聞きました。原因は、地域の中で人と人とが接する機会が以前よりも少なくなっていることにあります。

地域における新たな共助のしくみとしてシェアを導入し、助け合える文化・セーフティネットを醸成していくことで、地方への移住や多拠点居住といった人材流動を起こすことも可能になります。そうして、地元の人にも移住してきた人にも暮らしやすい地域をつくっていけるのではないでしょうか。

相模原市藤野
「まち全体で自分たちの安全圏をつくる暮らし方」

神奈川県北西部に位置する藤野は、人口１万人弱の里山地域ですが、お金を介さずに生活におけるあらゆるものをシェアしながら経済が循環するしくみがあります。

藤野は相模原市が管轄となっていますが、平成の大合併により、小さな地域間での行政力が減退し、かつてほど行政の力をかけられなくなってしまいました。そのため藤野では、独立自治区的な、「自分たちの手で地域をつくり、維持していく」活動が自然発生的に生まれたそうです。

藤野では、独自の地域通貨である「萬（よろず）」が流通しています。通帳記帳式の地域通貨で、野菜やモノの交換をしたらお互いの通帳にサインをし合います。また藤野にあるお店では、代金の一部を萬で支払うことができます。

おもしろいことに、頻繁に萬を交換している関係では、そのうち萬が必要なくなり、直接の物々交換になっていくことが多いそうです。藤野に住むある方は、「最初はちょっとした距離があって、地域通貨を通じて貸し借りをしていたけれど、仲良くなっちゃうと必要なくなる。でも、それがそもそもの目的なんです」と話してくれました。

萬というう地域通貨は、お金というより「感謝量」を可視化するもの。コミュニティに感謝の気持ちが生まれると、自然と自分もコミュニティのために何かをしたいというモチベーションになる、この「お互いさま」の文化を育むことが目的なのです。

そんなコミュニケーションの元となるのが、２００世帯５００人が登録するメーリングリストです。

リストの中では日々さまざまなシェアが行われます。「この机譲ります」「使わなくなったランドセル余っていませんか？」「子どもを駅まで送ってくれませんか？」このようなやり取りが、毎日平均5件、月１００件以上行われます。地域通貨萬を使用しても、円を使用しても、無料でもかまいません。モノの貸し借りだけでなく、困ったときのトラブル対応なども日々発生します。「車のバッテリー上がってしまった」などのＳＯＳや、「今日は台風が来そうだ」というような注意喚起の情報まで、生活におけるあらゆることがシェアされています。

藤野を訪れた際、藤野に暮らす方々が「ここには、『何かあっても大丈夫』と思えるつながりがある」と言っていたのが印象的でした。メーリングリストのやり取りを見ているだけでも、「『このコミュニティにいれば安心だ』と思える」と言います。何かあっても誰かが助けてくれる、と実感できることが、暮らしの安心に一番直結していると。

藤野のコミュニティを支えている小山宮佳江さんは、もともと都会に住んでいましたが、「消費しつづけなければ生きていくことができない」と思いつづけながら暮らしていくことに疑問をもち、藤野に移り住んできました。「都会の生活の中で、食べものに洋服、家、必要なものはいっぱいあって、お金がないと何も得られないから、お金が中心の生活になる」。しかし、藤野での暮らしの中で、すべては自給自足できなくても、生活における必要なモノをおすそ分けしながら支え合う、なかったら必要なものを一緒につくる、という「コミュニティで補う」という発想に変わったことで、「かつて都会で感じていた不安がなくなった」と言います。

つながりの循環で、まち全体の安心がつくられていく。人とつながればすべてが大丈夫だ、支え合っていける、と思える。「まち全体がつながっている」ということ自体が、住民の毎日の安心をつくっているのです。**こういった共助のしくみは今後、合併などにより行政力が減退していく地域でも持続可能な地域づくりとして、新たな可能性を秘めています。**

SHARE LIFE

世界中で広がるシェアリングシティ

行政主導でシェアを政策として取り入れた韓国・ソウル

韓国のソウル市は、世界の中でもいち早くシェアリングシティとなった都市です。２０１２年ごろから、市の課題解決のための政策として、シェアリングエコノミーを導入しました。

ソウルは、この20年で急速な経済成長を遂げた都市です。一方で、急速な人口増加や渋滞問題、若者の就職難、住宅不足などさまざまな都市課題が発生しました。そんな中、２０１２年に就任したパク市長は、限られた資源の中でどのように市民に応えていけるか考えた末、都市政策においてシェアという概念を取り入れることを決定。「シェアリングシティ」を宣言し、シェアリングエコノミー促進条例を制定しました。

指針スローガンには、「少ない資源の中で、みんなが幸せになれるシステムを。環境問題への配慮、コミュニティ再生による共助社会への復興を」ということを掲げています。

たとえば、寄贈されたスーツを若者が利用できる非営利シェアサービスがあり、お金のない就活生や若者に愛されています。寄贈する人が、次に使う人に「就活、頑張ってね」のようなメッセージを書くことができる、人肌感あるシェアサービスです。ほか、公共施設の解放や民間のシェア事業の支援、シェアリング図書館の運営、学校教育にシェアリングエコノミーを取り入れるなど、都市をあげてシェアを推進しています。

市民主導で持続可能な都市を推進するオランダ・アムステルダム

ヨーロッパでもシェアリングシティは広がっています。

オランダ・アムステルダムも、「市民の8割以上がシェア精神をもつ」と言われる都市です。

ヨーロッパでは「コーポレートエコノミー」とも呼ばれる取り組みによって、2013年ごろから市民が主体となって、積極的にシェアを推進してきました。

地域の企業・NGO・大学・地域団体など、あらゆるセクターがシェアリングエコノミーを取り入れ、アクションを考える場が定期的に設けられています。

また、高齢者や貧困層を対象とする「シティーパス」という取り組みも始めました。約18万人の低所得者や高齢者が、シティーパスを使って、地元の食料品や医療といった広範囲のサービスを低価格で受けることができるしくみです。

さらにアムステルダムは、行政主導で持続可能な社会の実現に向けた政策を推進しており、環境に配慮したシェアの推進もさかんです。廃棄されるモノをアレンジして再利用を促すサービスや、カメラやスマートフォンなどの機器が壊れても簡単に修理やカスタマイズできる市場、ジーンズを1年間800円で長期レンタルすることができる事業などが生まれています。

アムステルダムだけでなく、ヨーロッパ圏では、ロンドン、マドリード、ミラノ、パリなどにシェアの取り組みが広がり、「持続可能な社会づくりのための重要な政策」として位置づけられています。

SHARE LIFE

新たなセーフティネット

つながりで多くの問題は回避できる

経済格差による生活保護人口の増加、高齢者や単身世帯の孤独死、障害者やひとり親家庭の貧困と社会的支援の不足、高齢者の介護・医療費の増加……私たちは、かつてないほど、セーフティネットが必要な時代に直面しています。

一方で、現在の社会保障としてのセーフティネットは、制度的にも財政的にも限界が近いと言われています。

私は、これからの時代の確かなセーフティネットは「人とのつながり」だと考えています。人とのつながりを通じたセーフティネットをつくることができれば、多くの問題は回避することができるし、必要以上に費用がかかることもなくなると考えています。

たとえば、子育てのセーフティーネット。

札幌には、シングルマザー専用のシェアハウス施設があり、「子育てをシェア」できるオンラインサービス『ＡｓＭａｍａ』を導入する取り組みを行っています。ＡｓＭａｍａでは、地域の信頼できる顔見知り同士で、子どもの送迎や託児などを、1時間ワンコイン程度の謝礼で頼り合うことができます。

北海道は離婚率が全国第2位で、たった一人で子育てや仕事を抱えるシングルマザーが数多くいます。一人での子育ては、資金的な援助も必要ですが、それ以上に必要なのは、家庭の外に子育てのヘルプができること、頼れるつながりがあることなのではないでしょうか。

ほかにもＡｓＭａｍａは、奈良県生駒市、秋田県湯沢市、滋賀県大津市などと連携し、これらの自治体の子育てサポートに取り組んでいます。ＡｓＭａｍａを通して共助のしくみをつくることで、自治体が抱える「保育園の整備が追いつかない」などの問題をはじめ、資金や物品の援助では補えないセーフティネットを構築できる可能性があります。

シニアのセーフティネットも必要です。

日本における孤独死数は年間約３万人と言われます。さらに内閣府の平成29年版高齢社会白書によれば、一人暮らしの高齢者の４割超が、孤独死を「身近な問題と感じている」と回答しています。単身世帯が増え、手助けをしてくれるつながりがない高齢者のセーフティネットの構築は、行政だけでは間に合わず、急務課題と言えます。

しかし、「一方的に介護を受ける」ような老人ホームや保護施設はとてもお金がかかります。介護人材の疲弊や入居者の社会的つながりが希薄になるなどの問題もあります。

ここで、シェアによって新しい形のセーフティーネットを提示できる可能性があります。たとえば、フランスには、学生と高齢者が同じシェアハウスに住むためのマッチングサービスがあります。アメリカでも、一人暮らしのシニア同士でルームメイトを探せるサービスが登場しています。

一人でできないことは分担し、シェアしながら生活するインフラを整えることで、お金や行政の保護に頼り切らないセーフティネットをつくれるのではないかと思います。

協同組合の新たな形

社会的セーフティネットの形として、「協同組合（コープ）」というしくみが世界中で新しく生まれ変わりつつあります。

協同組合とは、日本でもなじみがあるように、個人が組合員となって支払う組合費で、生活における相互扶助を行う非営利組織体のことです。これにテクノロジーを組み合わせ、新しい形で組合のサービスを受けられるしくみが、世界で注目を浴びつつあります。

組合は企業のサービスと異なり非営利なので、コミュニティの中で出し合ったお金の運用方法を自分たちで決められる、手数料などがかからない、などのコストメリットがあります。

ベルギーには、『SMart』というフリーランスの労働組合があります。

仕事を終えると、プラットフォームからすぐに給料を支払ってくれ、その後、クライアントからの集金を肩代わりしてくれます。メンバーは給料の6％を協同組合に払うことでこのサービスを受けられます。

ほかにも、『platform・coop』というアメリカ発の団体は、ドイツの難民女性たちの労働組合のプラットフォームや、貧困層のベビーシッターたちのネットワークなどへ組合の補助金を提供しています。

私が住むＣｉｆｔでも、コミュニティの中で、60人のメンバーが毎月１万円組合費を振り込むしくみを導入し、みんなの食費や、怪我をしてしまった子の医療費など、家族会議の中でその用途を決めて運用しています。

このように、「コミュニティの中で組合を運営する」という手法も、新たなセーフティネットの形として機能するのではないかと考えています。

防災や災害時こそシェアが機能する

近年の日本は、いく度の自然災害に見舞われてきました。豪雨や地震など、自然災害における防災の意識は年々強まっていますが、ここで、「災害時にこそ、シェアが活きる」ということをお伝えしたいと思います。

災害時には緊急の対応が求められ、かつ、情報・食料・場所・衣類やその他のモノと多くの支援が必要です。しかし、公的な機能ですべてをカバーするには限界があります。また、道路や交通機能に大きな被害が出ると、物資や物流なども機能しなくなります。

そこで、被災地で何かを求めようとしても、行政・NPOなどの機関・企業を通じてしか、物資や援助を頼むことは難しく、頼れる選択肢は限られていました。

そこで新しい支援の選択肢になるのがシェアのしくみです。

インターネット上で瞬時に人と人がつながれるようになり、何かを必要としている人と、持っている人が直接やり取りできるようになりました。

「自分の部屋なら空いてますよ」「隣の市までなら迎えに行けますよ」「うちにごはん食べに来ますか？」と、個人ができる範囲でシェアできることが見えて、つながれることで、機関に頼らなくても、個人の力で助け合いを行うことができるようになりました。

２０１６年の熊本地震の際には、Ａｉｒｂｎｂが宿泊場所の無償提供を実施しました。家を失い、不安を抱える被災者にとっては、自治体の提供する体育館や公共施設ではなく、安心して寝ることができ、人のぬくもりを感じることのできる民家に泊まれることほど心強いことはないのではないでしょうか。

２０１８年の西日本豪雨災害では、長距離ライドシェアサービスのｎｏｔｔｅｃｏが、ボランティアで被災地に向かう人や、被災地で移動手段を探している人に、ライドシェアサービスを無償提供。ほかにも、アプリ上で医師にケガや病気を相談できるサービス『ＬＥＢＥＲ（リーバー）』が被災者に無償提供されたりもしました。

このような、災害時における新たな共助のしくみを、行政が活用しようという試みも始まっています。徳島県の阿南市《あなんし》では、行政の認可を受けた民泊として利用されている民家を、災害時の避難所として活用する、「シームレス（つなぎ目のない）民泊」という取り組みが始まりました。

２０１１年の東日本大震災では、「確かなつながりこそが安心であり、幸せである」

と多くの人が痛感したのではないでしょうか。家も車も震災で失ってしまったら、いざというときの助けにはならない。「明日地震が起こるかもしれない」という可能性を常に抱えている今、有事のときはもちろん、普段から気軽に頼れる他者とのつながりがあるという安心感こそが、お金では買えない現代の資産であると考えています。

オリンピックとシェア

1964年の東京オリンピックは、実は日本で民泊が行われた最初の機会だと言われていることをご存知でしょうか。当時、宿泊施設の不足を懸念した政府は、東京都民に呼びかけを行い、選ばれた600世帯以上の都民が、外国人の観光客を家に受け入れました。外国との交流が珍しかった時代に、一般の家庭で外国人をおもてなしするという経験がなされたことは、とても貴重な社会経験だったのではないかと思います。

そして2020年、私たちは再び東京でオリンピックを経験します。2020年の東京オリンピックでは、4000万人近い外国人旅行客が日本に来ると予想されています。このような一大イベントこそ、シェアリングエコノミーが活躍する可能性があると考えています。

一つは、宿泊施設やロッカー、交通手段などの、一時的な大量の需要を供給するために、新しいホテルや設備などをつくるのではなく、シェアを活用して必要なものを補完すれば、無駄な建設や消費を防ぐことができるということ。特に、圧倒的な不足が予想される宿泊場所の提供としての民泊は大きいでしょう。２０１６年のリオオリンピックでは、Ａｉｒｂｎｂが公式パートナーとなり、８万泊以上がリオ市の住民によって供給されました。

もう一つは、シェアを通じて誰もが観光客をおもてなしできるということです。家庭料理を提供したい人と食べに行きたい人をつなぐシェアサービスや、観光ガイドをやりたい人とガイドしてほしい人をつなぐシェアサービスなどを活用すれば、個人が観光客とつながる機会を創出できます。自分自身がホストとなり、自分たちができる範囲で、趣味や特技、空いている場所や余っているモノを提供すれば、収入だけでなく、やりがいやつながりという資産を手に入れることができます。

徳島県徳島市では、２０１７年に行われた阿波踊りの期間中、宿泊先不足の解消を目的として、「イベント民泊」を実施。270名以上の観光客を受け入れました。これをきっかけに、自然発生的に地域内のネットワークにおいて、車での送迎や阿波踊りに参加する観光客の衣装や着替え場所の提供、外国語ができる人の通訳の提供などが生まれました。地元の人が地元の文化・暮らしとともに、街をあげてゲストをおもてなしする文化が醸成されたそうです。

2025年には、大阪万博が開催されることも決定しました。そういったイベントの際の大きな需要を満たすため、新しい箱をつくったり、大規模な投資をするのではなく、今あるモノや眠っている資産を有効活用することで、持続可能な日本の社会モデルを世界に提示できます。また、地域の人が直接おもてなしをするという市場を広げることで、新たなつながりや交流を生み、真の日本の魅力を世界に発信する機会になると期待しています。

第4章のまとめ

◉失われつつある「共助」のしくみが、シェアで再構築されている

◉日本でも世界でも「シェアリングシティ」が浸透し始めている

◉シェアは、災害時でも安心を得られる、新しい支援のひとつになる

◉オリンピックなど国をあげた一大イベントこそシェアが活躍する

Chapter 5

The Sharing Mind

第5章

シェアするマインド

これまで「つながり」こそが重要であると述べてきました。シェアすることで生まれる最大の価値はつながりであり、それが、お金や社会ステータス以上に重要な「資本」になる時代が到来する、と。この章では、つながりの最も重要なキーワードとなる「信頼」について考えます。

SHARE LIFE

シェアライフは「信頼」で成り立つ

信頼を得られる人はシェアライフで最も得をする

従来の「ＢｔｏＣ（Business to Consumer）」、企業がサービスを提供し消費者が購入するモデルでは、「そのサービスが信頼できるかどうか？」は、企業が担保していました。これに対して、シェアによって新たに生まれる「ＣｔｏＣ（Consumer to Consumer）」モデルにおいては、個人と個人の間で貸し借りや売買、シェアが行われるので、「やりとりする相手や提供されるサービスが信頼できるかどうか？」は、個人間での信頼によって成り立ちます。つまり、信頼を担保するのは企業ではなく、個人です。

シェアハウスや民泊などの対面でのやり取りから、メルカリなどのインターネット上でのやり取りまで、サービスを受ける側は、「提供してくれる相手が信頼できるか？」を判断する力が求められます。

一方で、サービスを提供する・シェアする側も、「相手から信頼してもらうことができるか？」が重要になります。**つまり、シェアにおけるやり取りを行うには、「信頼する・信頼される」スキルが欠かせません。**

「信頼」という概念はこれまでも存在していました。ただし、それが意識されるシーンのほとんどは、友人や恋人、家族、会社やクライアントなど、特定の人間関係の中に限られていました。そして、その特定の範囲内での信頼が、社会的な信用とリンクしていたと思います。

しかし、シェアの世界では、特定の人間関係だけでなく、「消費行動」においても、個人の信頼が重要になるのです。

したがって、信頼を得やすい人は、シェアライフの中で最も得をします。

「お金や社会ステータスをもっている人」よりも、「より多くの個人から信頼を獲得している人」の方が有利になるのです。

これまでの組織中心の社会では、企業などの組織を通じてしか、サービスやモノ、情報を手に入れることができませんでした。しかし、個人が中心の社会では、自分たちの裁量で、好きな時間に、好きな場所で、好きな量のモノを買ったり、売ったり、人とつながったりできるようになります。つまり、主体は個人になるので、自分らしさや個性を看板にして、他者とやり取りすることになります。

たとえば、企業から雇われる方法の家事代行サービスでアルバイトをした場合、その企業のマニュアルやルールに沿って仕事をするので、個人の裁量は少なく、自分らしさを出すことは難しかったと思います。一方で、個人と個人が直接やり取りする社会では、逆に個性やオリジナリティ、パーソナリティこそが価値になり、信頼されるための重要な要素になります。

さらに、クラウドファンディングなどの登場により、個人からの信頼の集積をお金に換えることも可能な時代になりました。

「信頼」とは何か？

そもそも、信頼とはなんでしょう？

私たちは一体何をもって、出会う人や、買うモノや、取得する情報を「信頼できる」と認識しているのでしょうか？

あるいは、みなさんの中には、かつて子どもだったころ、親から「見知らぬ人からもらったお菓子は食べてはいけない」と言われた記憶がある、ないしは今日、自分の子どもにそう伝えている人もいるかもしれません。その常識は一体どこからきたのか。一度立ち止まって考える必要があります。

日常生活のほとんどの活動は信頼によって成り立っています。食べることも、仕事をすることも、買いものをすることも、電車や飛行機に乗ることも、ポストに手紙を投函することも、そのサービスの提供者を信頼しなければできないことがほとんどです。

また、国や価値観によっても、信頼の捉え方は異なります。

2018年夏、中国の北京市に視察に行った際、「Home Cook（回家吃饭）」というシェアプラットフォームを体験しました。家庭に招いて料理を提供したいホストと、食べに行きたいゲストをマッチングする訪問型サービスで、私は50代のママさんのご自宅で食事をいただきました。中国では、シェアリングエコノミーの市場は83兆円にも上る大きなマーケットになっており、Home Cookも年間480万件のマッチングが行われているという人気ぶりでした。

この急拡大の背景には、実は、「何を信頼するか？」という消費者意識の問題があります。見知らぬ人の家庭に訪問して、家庭料理をご馳走になる。日本ではハードルが高いようにも思えます。しかし中国では、近年、レストランなどの企業に対し、衛生面などへの懸念が高まっており、「企業のレストランよりも、個人の家庭料理の方が安全である」という消費者意識があるのです。Home Cookの担当者は、「レストランでは古い油を使っていると聞くので安心できない。なんの調味料を使っているかわかる家庭料理の方が安心だと思っている人が多い」と語ってくれました。

日本では、「個人が提供するものよりも、企業の提供するサービスの方が安心安全である」と無意識に思いがちです。しかし、中国での事例のように、国や消費者意識によっては、信頼できる対象や価値観は異なるのです。

「信頼」の概念は変化してきた

『シェア〈共有〉からビジネスを生みだす新戦略』（NHK出版）の著者、レイチェル・ボッツマンは、新著『Who Can You Trust?』の中で、「信頼は歴史の中で変化しており、その転換を
●ローカルな信頼
●制度への信頼
●分散された信頼
という3つにフェーズを分類できる」と語っています。

戦前、現在のように企業が発達する以前には、「ローカルな信頼」によって社会は成り立っていました。地縁にもとづいたコミュニティの中で、顔見知りの人や特定の人との関係性において、物々交換や情報交換がされていました。たとえば、ご近所とお

醤油の貸し借りをする際、「お醤油に毒が盛られていないかどうか」は、〝顔見知り〟という信頼性の中で担保されていました。

やがて、企業や国や銀行など、組織が中心となる社会に移行すると、今度は「制度」に信頼を預けるようになりました。たとえば、「お醤油に毒が盛られていないか」の安全性は、企業のブランドやＪＡＳなどの品質の規格基準にもとづいた証明によって担保されていました。戦後から現在につづく日本社会のほとんどは、この「制度への信頼」が土台となっているのではないでしょうか。

そして3つ目が、インターネットやテクノロジーに支えられ、個人間のやり取りが可能になった社会の中で成り立つ、「分散された信頼」です。

これは、「個人からの評価の集合への信頼」と言い換えることもできます。

たとえば、普段私たちがお店を選ぶときに使う「食べログ」も、分散された信頼の上に成り立っていると言えます。「おいしいお店かどうか」は、企業ではなく、そのお店に行った個人たちの評価の集合によって担保されるのです。お醤油にたとえるならば、そのお醤油を味見した個人たちが、インターネットやプラットフォーム上で「安全だよ」「おいしかったよ」と評価をし、そのログが残されることによって担保されるのです。

以前、ライドシェアサービスが急成長しているインドネシアを訪問した際、「なぜ通常のタクシーよりもライドシェアを使うようになったのですか？」と現地の人に聞くと、「タクシーは、値段もぼったくられるし、道を間違えたり、わざと遠回りをされてしまったりすることが多い。タクシードライバーの言うことは信用できない。ライドシェアのアプリを使えば、スマートフォン上の地図に沿って正しく移動し、料金も自動で計算してくれるし、過去に乗った人がそのドライバーがいい人だったかを記してくれているから、安心安全なんだ」と教えてくれました。

多くの人が「個人より企業の方が安心である」ことを常識とする日本では、このようなケースは想像しがたいかもしれません。**しかし、企業がサービス主体に立たないシェアサービスのほとんどは、この「第三の信頼」のモデルによって成り立っています。**個人と個人が直接つながるシェアのモデルにおいては、「やりとりする相手が信頼できるかどうか？」は、テクノロジー上の「分散された信頼」によって補完されます。

たとえば日本でも、食べログの評価を信用してレストランに行ったり、メルカリでアプリ上の評価を元にモノを買うことは、今、少しずつ当たり前になりつつあります。
あらゆるものがシェアプラットフォーム上でやり取りできる今、この第三の信頼を正しく理解し、プラットフォーム上での「信頼」を築くスキルが必要になってきます。

テクノロジーと「信頼」の課題

しかし、この第三の信頼による新しい経済圏も、実はまだ未完成であり、道半ばの状態です。

理由は二つあります。

一つは、プラットフォーム上の評価や口コミのデータが力をもつようになると、それらを収集する運営主体による、情報操作や悪用のリスクが伴うことです。

もう一つは、評価システムや個人のスコアリングのすべてをテクノロジーに任せて数値化することで、本来の人間らしさが失われてしまったり、マイナスに働く可能性があることです。

　したがって、分散型の信頼がどこまで私たちの安心を担保できるかは、まだ道半ばの状態なのです。


　すでに中国では、テクノロジーにもとづく分散型の信頼を「社会信用制度」として取り入れ始めています。これまで「個人情報」と言われてきた名前、生年月日、住所などの項目に加えて、契約遂行能力や、性格、対人関係、趣味なども指標に組み込み、総合的な信用スコアに換算しようとしているのです。２０２０年までに、これらを従来の社会的与信と同じステータスにまで引き上げようという計画が進んでいます。しかし、マイナス評価されたスコアがあるとビザが取得できなかったり、処罰を受ける対象にもなりうるなど、「行き過ぎである」との指摘も出ているようです。

　また欧州やアメリカでも、プラットフォームを運営する企業が力をもつことは「プラットフォーム資本主義」と呼び、「個人中心の経済インフラとして期待されていたはずだったのに、企業がすべてのデータをコントロールするのでは、今の資本主義と同じではないのか？」と唱える動きが出てきているのです。

人間にしかできない「信頼」を取り戻そう

個人と個人が直接つながる現代のシェア経済では、テクノロジーによる「分散された信頼」という新しい信頼の形が基盤になる、という話をしてきました。

しかし、すべてを機械的に測定するテクノロジーに任せることで、数値に表せない人間らしさが失われたり、企業がデータをコントロールしてしまったりと、安心や信頼を100％担保するには限界があります。

テクノロジーでは補完できない部分がある以上、最終的には、自分の目で人を信頼するしかないし、同時に、他者から見た自分の信頼を育てていかなければならないのです。つまり、私たちそれぞれが、自分自身の中にある「信頼」の意味を再定義し、「どうしたら信頼できるのか？」「どうしたら信頼されるのか？」を追求しながら、他者を受け入れ、他者から受け入れられる範囲を広げていくこと。**テクノロジーに頼る部**

分と、それには頼らずに、人としての良心のもと、自己を変容・拡張させつづける意志をもつこと。これが大切なのです。

かつて、自分たちで独自に築いた信頼関係の中で、お醤油を貸し借りしてきた歴史をもつ私たちだからこそ。

信頼できる・信頼される自分になろう

自分と他人の境界線はどこに？

では、今以上に「信頼できる」「信頼される」自分になるにはどうしたらよいのでしょう。
はじめに、自分の中の「信頼」の定義について、一度見直してみる必要があります。

全国で講演をしていると、シェアハウスに住むことや、他人に車を貸したり、部屋を貸したりするシェア的な消費やライフスタイルに対し、「他人を信頼できないから、自分には無理だね」という方が必ずいます。それは決して良いとか悪いとかの話ではないのですが、**もし、シェアによる新しい生き方を得たいのであれば、信頼の幅を自ら拡張していくことは欠かせません。そうでなければ、シェアの恩恵を享受すること**

はできません。

人間の幸福度に関するある調査では、「他人への信頼」という項目に対して、「用心するに越したことはない」という考えに共感する人よりも、「ほとんどの人は信頼できる」という考えに共感する人ほど幸福度が高い、という結果も出ています。

まずは、「自分が他者と境界線を引いている部分はどこにあるか？」「自分は普段どのように信頼するのだろうか？　どんな要素があれば、信頼できるのか？」ということを改めて見直してみることが第一歩です。

境界線を広げていく意志が必要

拡張家族Ｃｉｆｔで暮らす2歳の男の子・りつきのママである沙織ちゃんは、「子育てにおける安心・安全の追求には、どこまでいっても終わりがない。だからこそ、コミュニティの中で子育てをするには、『子どもを死なせない』というレベルまで自分の中のハードルを下げて、意志をもって人を信頼して、任せることが必要だと思う。コミュニティの一人ひとりを信じて、『それぞれが子どもにとっていいと思えることをしてくれたら』という気持ちで、任せている」と言っていました。実際に、子育て経験のない私のことも信頼して、子育てに関わらせてくれているので、私もそれに応えようという気持ちがより強くなっています。

「子どもを誰かに預けたら危ないかもしれない」「何かあったらどうしよう」という、自分の信頼の幅を捉え直して、他者を信じる心の垣根を下げること。「信頼の境界線」を、意志をもって広げていくこと。それが信頼できる自分を育てていくための近道なのではないでしょうか。

与えると、信頼が返ってくる

市場経済が根付いた社会では、「同じ価値を対等に交換しなくてはいけない」という価値観が根付いている気がします。

自分があげたもの、貸したもの、使った時間まで、「自分が与えたものと同じ価値が返ってくるだろうか？」ということを常に考えてしまいがちです。

そういうマインドでいると、「必要なことを必要なだけしかやらない」という価値観で動くようになってしまいます。それは、結果的に自分の人生の可能性を狭めることになってしまいます。

私の友だちの前田塁くんは、企画に共感した人から資金を集める「ｐｏｌｃａ（ポルカ）」というシェアサービスを通じて、企画を立てている若者たちを支援しつづけています。それは前田くんにとって「必要なこと」ではないはずです。けれど、〝結婚式を挙げていない両親の結婚式を挙げたい〟という企画から、〝高校の部活で全国大会出場が決定したので、打ち上げで焼肉に行きたい〟という企画まで、一件あたり３００円～数千円の投げ銭を、年間１００件ほどつづけているんです。

ｐｏｌｃａは、投げ銭がどう使われるかは相手の善意に頼るだけに、必ずしも成果や見返りがあるとはいえないというのが特徴です。前田くんは、「純粋に見返りを求めず、応援したいという気持ちで投げ銭をつづけていると、知らないうちに人のつながりの輪が広がり、たくさんの友だちやつながりができた」と言います。支援した人から、ときには金額以上のお返しをもらったり、全国を旅していると、支援した人たちが「うちの地域にも来てくださいよ」と歓迎してくれたりする。「見返りなんて求めていなかったけど、気づいたらたくさんのつながりができていて、自分が何かをしたいときに、応援してくれたり協力してくれたりするコミュニティになっていた」と教えてくれました。

たとえそのときに利益がないと思っても、他人に手を差し伸べてあげたり、誰かに何かをやってあげたことは、結果的にやったこと以上の感謝になって返ってくる。これは、昔からある「お互いさま」や支え合いの文化を考えてみれば、実は当たり前のことなのですが、心がけられている人は少ないかもしれません。

「与える」ことで信頼が返ってくる。それが、つながり資本につながっていきます。

閉じずに、開きつづける

今、この原稿を大分で書いていますが、そのあいだ、普段私が住んでいる東京の家の部屋のドアは空いています。私の部屋にある洗濯機やその他の生活品も、シェアハウスのメンバーに常に解放しています。アイロンから印鑑の朱肉まで、貸してほしいものがあれば、ＬＩＮＥのメッセージグループで投げて、「私の部屋にあるよ」と返事があれば、その人がいなくてもその部屋に入って借ります。

数ヶ月前までまったく知らなかった人同士で、自分の部屋を解放し合うこと――なぜできるのか、とよく聞かれるのですが、「自らを閉じずに、開くこと」を常に心がけながら生活しているからだと思います。それは、「お互いさま」の精神で、自分を限りなく開き、さらけ出すということです。

では、なぜそれができるのか。それは、自分のものをシェアすることによって、それ以上の利益や幸福感、目に見えない「信頼」や「つながり」という資本が貯まっていくことを、経験として知っているからだと思います。

小さな「お互いさま」を積み重ねる

信頼関係のあるつながりは、助け合いや分かち合い、同じ時間やモノの共有を積み重ねることによって生まれます。しかし、現代において、「お金を払って何かを解決する」のが当たり前、という価値観にある私たちは、人の手を借りたいときも、「失礼ではないだろうか？」「忙しいのに迷惑ではないか？」「お金を渡さないといけないのではないか？」、あるいは、「その後が面倒だから遠慮しておこう」といった具合に、気軽に頼ることができなくなっている。子どもの送り迎えから網戸の取り替えまで、すべてお金で解決しなければいけない、と思い込んでしまっているのではないでしょうか。

4章で紹介した、長野県川上村で出会った川上さんも、「子どもの見守りを誰かにお願いしたいと思っていたけれど、相手に迷惑をかけるかもしれないと思ってずっと遠慮していた。けれど勇気をもってお願いしてみたら、びっくりするくらいたくさんの『いいよ』という言葉が返ってきた。その後は、たくさんの『お互いさま』がつながりの中で繰り返されるようになった」という話をしてくれました。

自分の中の心の垣根を下げて、「自分がしてもらったら、してあげる」ということをいくつも重ねていくこと。それがあなたの確かな信頼をつくり、つながり資本になっていくのです。

いつもお願いしたいけど言えなかったこと、迷惑をかけるんじゃないか、そう思って全部自分で背負っていたこと、思い切って声に出してみましょう。頼んでみましょう。

第五章のまとめ

◉シェアでつながりをつくるには、相手との「信頼」が大切

◉個人間の「信頼」にもとづくやり取りでは、個性やオリジナリティが価値となる

◉「信頼」の定義は変化してきた

◉小さな「お互いさま」を積み重ねて「信頼」される自分になろう

Epilogue

Towards the bright future of Sharing

終章

シェアの未来

前章では、つながり資本の鍵となる信頼について考え、「信頼する・信頼される」自分になるためのマインドについて考えていきました。最後に、これから先のシェアの未来と残された課題、シェアが普及した社会で私たちはどのように社会と向き合っていけばいいのか？　について、一緒に考えていきたいと思います。

SHARE LIFE

資本主義型と持続可能型 2つのシナリオ

これまで、シェアによる新しい価値観、生き方、社会像を紹介してきました。

一方で、シェアが社会全体のインフラになるには、まだ乗り越えるべき課題もあります。

本章では、私がシェアに関わりながら、世界の状況に目を向けてきた中で感じた、今起こりつつある変化や、近い未来のシナリオについてお伝えします。

シェアによる新しい社会を実装していくために、私たち一人ひとりが、どのように社会と向き合い、何を意識して行動していくべきか。それを考えるきっかけになれば幸いです。

シェアは今、世界中に広がりつつあります。

私はこれまで世界各国のシェアを見てきて、また多くの海外のシェア界隈の方たちと会話してきましたが、その中で強く感じていることがあります。**それは、シェアリングエコノミーそのものが、「企業主体の経済社会」と「個人主体（市民）の経済社会」を進める2つの側面をもつのではないか、ということ。**この2つのシナリオを、私は「中国・米国型　資本主義ドリブンなシェアエコ」と、「欧州・韓国型　持続可能主義ドリブンなシェアエコ」と呼んでいます。

まず、「中国・米国型　資本主義ドリブンなシェアエコ」についてお話しします。

Ａｉｒｂｎｂ、Ｕｂｅｒをはじめ、時価総額が数十兆円を超える規模のスタートアップ企業がアメリカから登場し、世界中どこへ旅しても使えるようになりました。中国でも、シェアエコ市場は２０１８年時点で83兆円、２０２０年までにシェアリングエコノミーがＧＤＰの10％を占めるとも発表されています。

先日、ニューヨーク大学教授で『シェアリングエコノミー』（日経ＢＰ社）著者のアルン氏とコーヒーを飲んでいるとき、中国では、政府が企業に介入する方法で、海外展開も含めた政治政策的なバックアップまであるという事実も伺いました。テクノロジーの技術と官民一体となった資本の力で、グローバル規模のメガ企業を創り上げる。そんな動きが世界で起き始めているのです。

日本でも、ＣｔｏＣのオンラインフリーマーケットから始まった『メルカリ』が２０１８年に上場し、圧倒的なユーザー数を武器に、バイクシェア、スキルシェアなどさまざまなシェアサービスを展開し始めています。シェアのビジネスモデルに「マッチングによって課金される」という性質がある以上、ユーザー数や取引数が圧倒的なプラットフォームに人が流れていく動きは必然であると思います。

一方、欧州・韓国の視察や、現地のシェア界隈の人たちとの対話を通じて、別の側面にも強く可能性を感じました。「欧州・韓国型　持続可能主義ドリブンなシェアエコ」です。

第4章で紹介した、シェアリングシティ・アムステルダムを有するオランダや、同じ欧州のフランス、さらにお隣の韓国では、また違ったシェアリングエコノミーの発展があるのです。

まず、経済の低迷、環境問題などの社会的議題に着目し、「持続可能な社会」を市民的なアプローチで目指すシェアの取り組みが生まれています。

ビジネスモデルも、通常のマッチング課金モデルではなく、ＮＰＯが運営し、スポンサードや補助金で運営コストをまかなうことでユーザーは無料で使えるシェアサービスなどが多くあります。

日本では、シェアリングエコノミーは未だ「テクノロジーにおける新たな成長産業」として注目されていますが、韓国では、また違った側面でシェアリングエコノミーが取り扱われている印象を受けました。

経済成長を前提とした議論の対象というよりも、限られた資源、経済成長の限界といった文脈の中で、「持続可能な社会にするために何が必要か」といった意見が大きな勢力をもっています。また、失業率が高い韓国では、新たな就業機会としてもシェアリングエコノミーが期待されており、働き手の環境整備も含めて真剣な議論がされていました。

韓国で古民家を中心とした交流型民泊サービス『ＫＯＺＡＺＡ』の創業者、Ｓａｎｋｕさんは、「この5年で、巨大なグローバル資本の企業にのまれ、韓国のローカルな民泊サービスは何個も死んだ」と嘆いていました。現在では、ブロックチェーンを使った新しいしくみを用いて、非営利・組合型の民泊プラットフォームづくりを始めています。

2018年11月に韓国で行われたカンファレンス「SHARING FORUM」に登壇した際、ソンナム市の市長が、「資本主義は限界にきている」と言っていたのが印象的でした。

昨年行ったブラジルでも、「COLABOR AMERICA」というシェアサミットがあり、「資本主義社会から抜け出して、市民・行政・社会起業家たちがともに助け合い、アイディアを出し合いながら、社会課題を解決する手段を生み出そう。そうして持続可能な社会をつくっていこう」というムーブメントが、若い世代を中心に起こっていました。

「中国・米国型　資本主義ドリブンなシェアエコ」と、「欧州・韓国型　持続可能主義ドリブンなシェアエコ」。この2つの側面は、「どちらがいいか？」という話ではなく、どちらの側面も必要です。

しかし日本では、「どう儲かるか？」という視点での議論が多いです。私たちは、市民社会的アプローチからシェアシステムが生まれている国や、共助のしくみを推進する国があること、そのムーブメントが世界では広がりを見せていることを、もっと知る必要があります。

日本は、実はその両面をもつ国であると思います。

前者の側面では、日本はまだまだ経済大国であるために、その資本力や技術力を活かしたイノベーション、スタートアップ企業を生み出せる土壌がある。上場を果たしたメルカリのように、世界に進出できるような日本発のシェアサービスがたくさん登場すれば、既存産業が衰退していく中での新たな産業として期待できます。

一方で、後者の側面では、今、日本が「持続可能な社会システム」への転換を余儀なくされるターニングポイントに直面していると考えています。

4章で紹介したように、人口減少による地方の過疎化、増えつづける若者の社会負担、公助や自助が働かなくなっている……などの問題の中で、シェアという「個人と個人が助け合いながら支え合って生きていく」共助のしくみが、今、必要ではないでしょうか。

日本政府でも、積極的にシェアを取り入れていこうという動きが本格化しています。日本は、世界にも先んじた課題先進国であり、新たな解決策を必要としています。また前述したように、**日本には、「自然との共生の中に自らの存在を見出し、他者との関係性を大切にする」東洋思想のもと、支え合いを積み重ねてきた歴史があります。これらのことから日本は、独自のシェアの社会モデルを築くことができると信じています。**

SHARE LIFE

ルールと社会制度の課題

もう一つ、シェア社会を推し進めていく上で課題となるのが、ルールや制度の壁です。

日本において展開されるシェアリングエコノミーは、ジャンルによっては関連する法律や制度がなかったり、逆に規制の対象となってしまうものがあります。

たとえば、自家用車に他人を乗せて報酬を得るライドシェアのモデルは、現在の日本の法律上、行うことができません。4章で紹介したnottecoのようなコストシェア型（ガソリン代や高速道路代の費用をシェア）のモデル展開のみとなっています。他にも、食事のシェアの分野でも、自宅で食事を提供して報酬を得るモデルは法律が整っていないのが現状です。

基本的な背景として、これまでの日本では、個人と個人が直接インターネット上でやり取りするビジネスや、個人が企業のようにサービスの提供者になるというモデルがなかったので、法律がないのです。

しかし、最近ではこのような状況に対する対応も始まっています。民泊の分野では、「住宅宿泊事業法（民泊新法）」という新しい法律が制定され、個人が合法的に宿泊場所を提供して収益を得ることができるようになるなど、法律の見直し・改正の動きも少しずつ進んでいます。

これまで、今ある多くの法律や制度は、国と企業や組織が一緒につくってきました。しかし私は、これからやってくる「個人の時代」、つまり企業が主体に立たず、個人と個人が直接やり取りするモデルでは、私たち一人ひとりがルールづくりに参画する必要があると考えています。

たとえば、既にシェアワーカーとして新しい働き方をしている人も、これから新しい働き方をしたい人も、「どんなルールや制度があったらいいか？」について、当事者として声をあげる、などです。日本全体にシェアワークが浸透したら、これまで企業に頼っていた社会保障なども利用できなくなるかもしれません。そのぶん、私たち一人ひとりが、安心して働ける環境をどうつくっていくか、意識しなくてはいけません。

個人が主役の社会になりつつあるからこそ、「シェアリングエコノミーを利用する上での、自由と責任への自覚」を高めていかなくてはいけないと考えています。

２０１８年9月には、シェアリングエコノミー協会にて、シェアワーカーのためのスキルアップ機会や、保険や福利厚生などをカバーするコミュニティ『ＳＨＡＲＩＮＧ ＮＥＩＧＨＢＯＲＳ』をつくりました。

誰でも安心して参加できるよう、「プラットフォームの手数料の適正値はいくらか？」「個人情報はどこまで提供するべきなのか？」「教育やスキルアップの機会はどうすればよいか？」「保険や社会保障はどのようなものが理想か？」といったことをみんなで話し合うことのできるコミュニティです。

いちシェアワーカーとしての個人の目線で、現在の企業や国のルールに対して求めるものや課題を汲み上げ、個人と企業と国とで一緒にルールを考えていく環境をつくることが一つのねらいです。

ここで重要なのは、「ルールは誰でもつくれる。変えられる」ということです。

たとえば、現在の法制度の大半は、インターネットやスマートフォンが普及するはるか昔につくられたものです。現在のように、ごく当たり前にインターネットと生活がつながっている環境を想定していません。

シェアリングエコノミーも同様です。**法律が整っていないのは、今の時代に追いついていないだけ。いつの時代も新しいルールがつくられ、変えられてきたように、シェアリングエコノミーに関する新しいルールは、誰でもつくることができるのです。**

私自身、シェアリングエコノミー協会の公共政策の責任者としても、シェアのルールづくりに日々取り組んでいます。ルールや制度をつくる目的は、「みんなが安心して使えたり、トラブルが起きないようにすること」であって、禁止や制限することが目的ではありません。だからこそ、一人ひとりが、「そういったしくみは、どうあったらよいか？」「どうしたら安全や安心が守られた環境で使えるか？」を考えて、ルールづくりに参加していくことが大切なのです。

このように、ルールに対しても、一人ひとりがちょっとした意識をもってアクションを起こしていくことで、安心・安全な環境をつくり、誰一人取り残されないしくみを、みんなでつくっていくことができると思っています。

SHARE LIFE

おわりに

本当の「個人が主役の社会」に向けて

本書でご紹介してきたシェアという思想、シェアによる新しい生き方が、みなさんの生活の中で当たり前となるころには、「シェア」という言葉を使うことすら、もしかしたらなくなっているかもしれません。

今、社会は「組織中心」から「個人中心」になり、一人ひとりが自分の自由な意思で行動を選択できるようになりつつあります。それは、個人と個人の「信頼」と「つながり」を軸にした社会へと移行しているということです。それにより、モノの交換から新たな仕事や住まい、感謝や感情の送り合いまで、あらゆる物事のシェアが、今以上にスムーズになるでしょう。そうして、今日の社会の大半を占める、「お金だけが価値交換となる経済」や、「会社や組織に人生を預ける社会」、「血縁の中で子育てや介護を完結させなければいけない家族の形」なども、なくなっているかもしれません。

その結果、未だこの世にない、もっと多くの選択肢を抱えた「分かち合い」の時代が、築かれていることでしょう。

そういう未来の到来をいち早く迎えに行くこと。それが、本書を読んでくださったみなさんとともに実現できる幸せへのアクションなのだと、私は信じています。

そして、考えたくはないけれど、近い未来、また大きな自然災害や、金融ショック、世界規模の争いや危機などに直面することになるかもしれません。

だからこそ、人と人との「つながり」があなたに安心をもたらしてくれる居場所であり、分かち合いから生まれる他者との共感や感動、愛する気持ちこそが幸せの根源であることに、気づいていただきたいのです。

今から多くのつながりを築いていくことができれば、あなたの不安を今より少しは取り除くことができるはずです。

そして、もし困っている人を目にしたら手を差し伸べてあげてください。

互いに助け合いましょう。

私たちが経験した3・11の大震災。あのとき命と命をつなげたのは、きっとそんな「つながり」だったと思うんです。

最後に、
もし、今この瞬間、一人でさみしく、不安や孤独を感じている方がいるならば、
もし、社会的枠組みや常識に縛られ、仕事や子育てなど、辛い思いをしている方がいるならば、
もし、本来は大切であるはずのものを、そう思えなくなってしまっている方がいるならば、
本書で紹介してきた「シェア＝分かち合い」という思想に出会い、シェアライフを実践することで、つながりある人生を送り、先が見えない時代の中でも、より安心して豊かに生きていくための第一歩になってほしい。そのために、本書が一人でも多くの

方に届くことを強く願っています。

最新の情報は、著者のTwitterにて→@Anjurian

【著者略歴】
石山アンジュ（いしやま・あんじゅ）
内閣官房シェアリングエコノミー伝道師。一般社団法人シェアリングエコノミー協会 事務局長。
1989年生まれ。都内シェアハウス在住、実家もシェアハウスを経営。「シェア（共有）」の概念に親しみながら育つ。2012年国際基督教大学（ICU）卒。新卒で（株）リクルート入社、その後（株）クラウドワークス経営企画室を経て現職。「シェアガール」の肩書でシェアリングエコノミーを通じた新しいライフスタイルを提案する活動を行うほか、政府と民間のパイプ役として規制緩和や政策推進にも従事。総務省地域情報化アドバイザー、厚生労働省「シェアリングエコノミーが雇用・労働に与える影響に関する研究会」構成委員、経済産業省「シェアリングエコノミーにおける経済活動の統計調査による把握に関する研究会」委員なども務める。2018年米国メディア「Shareable」にて世界のスーパーシェアラー日本代表に選出。ほかNewsPicks「WEEKLY OCHIAI」レギュラーMCを務めるなど、幅広く活動。

シェアライフ

2019年 3月 1日 初版発行

発行 **株式会社クロスメディア・パブリッシング**
発行者 小早川 幸一郎
〒151-0051 東京都渋谷区千駄ヶ谷4-20-3 東栄神宮外苑ビル
http://www.cm-publishing.co.jp
■本の内容に関するお問い合わせ先 …………………… TEL (03)5413-3140 ／ FAX (03)5413-3141

発売 **株式会社インプレス**
〒101-0051 東京都千代田区神田神保町一丁目105番地
■乱丁本・落丁本などのお問い合わせ先 ……………… TEL (03)6837-5016 ／ FAX (03)6837-5023
service@impress.co.jp
(受付時間 10:00～12:00、13:00～17:00 土日・祝日を除く)
※古書店で購入されたものについてはお取り替えできません

■書店／販売店のご注文窓口
株式会社インプレス 受注センター ……………………… TEL (048)449-8040 ／ FAX (048)449-8041
株式会社インプレス 出版営業部 ……………………………………………… TEL (03)6837-4635

カバー・本文デザイン 金澤浩二（cmD）
DTP 荒好見（cmD）

印刷 株式会社文昇堂／中央精版印刷株式会社
製本 誠製本株式会社
ISBN 978-4-295-40277-0 C2034